T0161633

MÉMOIRES DE GUERRE

collection
dirigée
par
François Malye

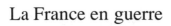

La France en guerre

Curzio Malaparte,
La Volga naît en Europe

Winston Churchill,
La Guerre du Malakand

Curzio Malaparte,
Viva Caporetto !

Brice Erbland,
Dans les griffes du Tigre

Maréchal Soult,
Mémoires. Espagne et Portugal

John Steinbeck,
Dépêches du Vietnam

Arthur Conan Doyle
Visite sur les trois fronts

Rudyard Kipling

La France en guerre

Texte traduit par Laurent Bury

Préface d'Olivier Weber

Paris
Les Belles Lettres
2014

Titre original :

France at War On the Frontier of Civilization

www.lesbelleslettres.com
Retrouvez Les Belles Lettres sur Facebook et Twitter.

© *MacMillan and Co, Ltd, Londres, 1915*

© *2014, pour la traduction française,*
Société d'édition Les Belles Lettres,
95, boulevard Raspail, 75006 Paris.

ISBN : 978-2-251-31008-4

Préface

« Tu seras un soldat, mon fils »

Quand Kipling lit son poème dédié à la France en guerre, il a la voix emphatique mais aussi brisée. Ces vers, l'écrivain britannique les a écrits quelques années auparavant, en 1913, et ils serviront d'œuvre de propagande. Car l'auteur de *Kim* et du *Livre de la jungle* va se lancer à corps perdu dans une bataille nouvelle, celle de la « persuasion », lors de la guerre de 14-18. Un autre écrivain, qui n'est pas encore Premier ministre, Winston Churchill, a été correspondant de guerre en Afrique du Sud et dans l'empire des Indes, non loin des frontières afghanes. Kipling, lui, sera propagandiste, non pas aux marges de l'Empire britannique, ce monde sur lequel, dit-on, jamais le soleil ne se couche, mais aux portes même de la bonne vieille Angleterre, sur le sol de la France, « bien-aimée de toute âme qui aime son prochain ».

Kipling est un homme de tempérament. « Tout homme doit être maître de son propre travail », écrira-t-il dans son autobiographie, *Un peu de moi-même*, publiée en 1934, deux ans avant sa mort. Quand le WPB, le War Propaganda Bureau, lui demande dès 1914 d'œuvrer pour la cause, il ne se fait pas prier. Cette guerre, il la défend. Il veut que les Alliés dament le pion aux Allemands, il veut que la puissante Amérique, qu'il connaît bien pour avoir séjourné quatre ans durant avec sa femme américaine dans le Vermont, s'engage et envoie des troupes combattre les légions du Kaiser. Il est loin, très loin de sa terre natale, l'Inde et Bombay, la grande ville chaude, vibrionnante, poussiéreuse, qu'il affectionne plus que tout, dont il partage les misères même s'il a vécu, comme tout colon qui se respecte, dans des *homes* luxueux, avec jardin et *boys*. Après tout, le sort de cet Empire victorien qu'il a chanté dans ses poèmes, dans ses contes, dans ses romans, se joue aussi et d'abord sur les terres brumeuses du nord de la France, dans les Flandres, sur le front allemand. Mais s'il a la voix brisée lorsqu'il enregistre son poème dédié à la France « au sol infatigable », c'est parce que la guerre qu'il a encensée, la guerre qui a avalé tant d'âmes, a aussi englouti le corps de son fils, son seul fils, celui pour qui il avait écrit cette superbe lettre d'un père à son enfant, *If* (Si), et qui a fait le tour de toutes les chaumières d'Angleterre et de l'Empire.

Pour l'heure, Kipling, conscience coloniale du peuple britannique, s'enrôle dans le petit bataillon de propagandistes qu'a mis sur pied l'armée de Sa Majesté. Les autres plumitifs ne sont pas des moindres : Arthur Conan Doyle, Thomas Hardy, H. G. Wells, Ford Madox Ford, G. K. Chesterton, tous au service de Sa Majesté. Et Kipling poursuit sa destinée, lui, l'homme de réseau, l'homme qui aime l'ombre et les services secrets, tant loués dans son *Kim*, l'homme qui a rejoint très jeune, à vingt-et-un ans, encore mineur, les Francs Maçons et la loge Espoir et Persévérance des Indes grâce à une dérogation du Grand Maître du district du Pendjab. N'a-t-il pas été journaliste dès l'âge de quinze ans, propulsé rédacteur en chef du journal de son collège de Westward Ho, dont il rédigeait les trois quarts des colonnes, des contes aux brèves et dépêches ? Par ses récits de guerre, Kipling entend aussi rendre hommage aux enfants de Grande-Bretagne, ces autres êtres précoces, ceux qui partent par bateaux entiers vers la baie de Somme, vers les Flandres, ceux qui vont mourir et qui n'oublient pas de saluer l'Empire avant le dernier soupir.

Kipling a la gloire pour lui, et les hiérarques du Bureau de Propagande le savent. Prix Nobel de littérature depuis 1907, il a reçu un superbe hommage lors de la cérémonie à Stockholm, l'académie suédoise soulignant « le plus grand génie que la Grande-Bretagne ait jamais produit dans le domaine de la narration ». Kipling, avant de partir lui-même pour le front, est un homme comblé : à cinquante ans, il vit depuis longtemps de sa plume, adule son fils John, dix-huit ans, et continue d'écrire d'arrache pied. Il ne sait pas encore que, par un incroyable et cruel coup du destin, sa propre œuvre de propagande va lui enlever son fils unique. Après *Le Fardeau de l'homme blanc*, son plaidoyer pour le colonialisme à l'âge d'or de l'épopée victorienne, s'annonce un terrible testament, le fardeau du père meurtri.

Pour l'heure, à l'été 1915, il patauge dans la boue des tranchées. On l'emmène sur le front. Il note tout et retrouve ses réflexes de reporter à la *Civil and Military Gazette* et au *Pioneer*, les journaux des Indes qui publiaient ses poésies et nouvelles, dès l'âge de vingt ans. Son père était sculpteur et lui a appris à ciseler. Rudyard peaufine ses récits, s'enhardit à interviewer tel ou tel officier, partage le quotidien des soldats. Odeurs, couleurs, impressions. En bon romancier, il en rajoute, use de la métaphore. Mais quel talent ! Son style puissamment évocateur et réaliste influencera les plus grands, dont Hemingway, qui sera un temps correspondant de guerre. « La fumée s'évanouit dans ce morceau de tranchées, comme l'écume d'une vague meurt dans l'angle des murs d'un port », écrit Kipling non loin d'un château entouré d'herbes jaunies par les gaz et sur une colline labourée par les obus tandis que les bois s'illuminent de quelques explosions. Il a l'art du dialogue et aime les soldats qu'il croise comme s'il s'agissait des personnages de ses romans, même tapis au fond des tranchées, dont l'une pourrait le mener depuis la mer « jusqu'à la Suisse ». On se croirait, *a posteriori*, plongé dans un roman de William Boyd, *Les Nouvelles Confessions*, lorsque le héros, un soldat britannique de la Grande Guerre, tient la première position des tranchées, pratiquement les pieds dans l'eau de la Mer du Nord… « C'est un peuple qui se fait dévorer, dit un officier français à Kipling. Ils viennent, ils remplissent les tranchées et ils meurent, et ils meurent. » Plus loin, Kipling aperçoit lord Kitchener, le ministre de la Guerre britannique qui passe en revue les troupes en compagnie du général Joffre. Pas le temps de s'attarder. On sent que Kipling, l'homme qui fit rêver les peuples d'Occident en leur décrivant les jungles d'Orient, préfère se frotter au rang des deuxièmes classes plutôt qu'aux guêtres des officiers et aux boutons de manchette de l'État-major.

Toute la beauté de la guerre, et son absurdité, sont cristallisées dans les pages de ce chroniqueur patenté de la guerre. Se rappelle-t-il alors ses séjours d'enfance à Simla, sur les hauteurs du *Raj*, l'Empire des Indes britanniques, où le vice-roi et le gouvernement séjournaient pour une partie de l'année, à l'abri des chaleurs et des miasmes de la plaine ? Sur les collines et contreforts de l'Himalaya, il a longtemps côtoyé les soldats du *Raj*, les lanciers du Bengale, les cavaliers moustachus et leurs supplétifs indigènes. Il connaît les limites de l'exercice : ce que lui demande le Bureau de Propagande, c'est de vanter

l'art de la guerre, de redonner le moral aux troupes et surtout
à l'arrière, qui doit tenir, celui des mères et des pères, celui
des ouvriers et des employés qui contribuent par leur labeur
à l'effort martial. Alors, Kipling note et invente à la fois, il
enjolive, glose, déborde de son simple champ visuel.

Il arrive à Reims, devant la cathédrale. Champs de désolation,
longues plaintes des survivants, ciels d'outre-tombe : les scribes
de *L'Apocalypse* biblique n'avaient rien vu. Il est hébété par
le spectacle de la cathédrale en ruines, bombardée par les
Allemands. Là encore, il scrute, il note, il dissèque son horizon
de ruines : « Il n'existe pas de hiéroglyphe pour Reims, pas
d'engourdissement de l'esprit face aux abominations commises
sur sa cathédrale. L'édifice scrute le ciel, estropié et aveuglé,
surgi de l'épave absolue du palais archiépiscopal d'un côté
et des tas de poussière des maisons écroulées de l'autre. »
Le grand Kipling, l'homme qui a tant rêvé, qui a traversé
les mers, de l'Afrique du Sud à Southampton, de Ceylan à
l'Australie, est effondré, autant atterré par la destruction de
l'église que par la mort des soldats, comme si la chute des
pierres annonçait la barbarie humaine, commise et à venir. Il
grimpe sur les ruines, enlève respectueusement son chapeau et
poursuit le sacristain qui lâche un sibyllin : « Couvrez-vous,
Monsieur, cet endroit n'est plus consacré. » Tout est dit. On
croirait lire du Albert Londres, jeune correspondant dépêché
à vélo sur les cendres de Reims plongée dans la solitude des
villes martyres : « Ma cigarette et moi, nous étions deux. »
Sublimes lignes du prince des envoyés spéciaux qui valent
de la poésie. « Il se dit reporter, donc soldat », résume son
biographe Pierre Assouline. Il en va de même de Kipling,
Prix Nobel devenu gazetier de la machine à tuer au quotidien
et instrument de gré de la propagande, cette autre usine de

guerre. Pas de fioritures avec l'ennemi, « le Teuton qui sera mis au ban de l'humanité ».

« Une fois prêtre, toujours prêtre ; une fois franc-maçon, toujours franc-maçon ; mais, une fois journaliste, toujours et à jamais journaliste », a-t-il écrit quelques années plus tôt dans le recueil de nouvelles *Multiples inventions*. Kipling n'a pas perdu la main.

Il va en revanche bientôt perdre son fils par un revers de l'Histoire qu'il a contribué à façonner au fil de ses dépêches de propagande. Alors qu'il rentre en Angleterre, à la fin de l'été 1915, son fils est déjà en train de ferrailler sur le front. John Kipling, l'enfant unique, le fils chéri, était myope comme une taupe, inapte à s'engager dans une armée qui a toujours voulu repousser l'horizon. Refus de la Royal Navy, à plusieurs reprises. Alors son père intervient auprès des autorités militaires, commet une lettre et recommande au fiston de se présenter au corps des Irish Guards. À peine arrivé sur le Front Ouest, nommé premier lieutenant, il est confronté aux gaz allemands à Loos dans le Pas-de-Calais, lors de l'offensive britannique de la troisième bataille d'Artois. Les curieuses pyramides que forment les terrils des mines de charbon et la brume des gaz confèrent à la plaine une atmosphère surréelle. La réplique allemande est terrible. John Kipling meurt lors de son premier assaut. On mettra près de quatre-vingt ans à retrouver sa dépouille. « Missing in action », disparu dans la terre de brumes et l'odeur de la poudre…

Kipling est terrassé par la nouvelle, lui qui a tant stimulé le désir guerrier de son fils, lui qui a encouragé les jeunes générations à s'engager dans la Grande guerre, devenue à ses yeux la grande boucherie. Une fois l'armistice signé, l'écrivain anglo-indien errera longtemps comme une âme en peine, à la recherche du corps de son fils qu'il ne veut pas croire mort. Il entreprend des fouilles, paie des ouvriers pour creuser la terre gorgée de mitraille, de sang et de chagrin. Peine perdue.

Alors il concocte une singulière et simple dédicace pour les soldats inconnus, trop nombreux sur la lande de France : « *Known unto God* », « Connu de Dieu seul ». Elle restera, et figure encore aujourd'hui sur les plaques tombales des corps sans nom. Lui ne connaîtra jamais la vraie sépulture de son fils – identifiée seulement en 1992 –, ni la tranquillité. « Tu seras un homme, mon fils », avait-il superbement écrit. Il n'a devant les yeux qu'un souvenir de jeune homme sans dernière demeure. Son errance dans les champs des morts deviendra une poignante nouvelle, *Le Jardinier*, où l'âme d'un visiteur vagabonde au pays des cimetières.

Le père s'est destiné aux lettres et au récit de la guerre, le fils a prolongé la geste par son enrôlement, sans avoir pu tirer un coup de fusil. Cruel destin. Kipling jamais ne se remettra de ce drame, livré au remords et à la peine. Après avoir encensé la guerre, voilà l'auteur du *Livre de la jungle* jeté en pâture à la déesse Culpabilité. Le poème qu'il avait écrit avec tant de flamme pour son fils, *If*, commençait ainsi : « Si tu peux voir détruit l'ouvrage de ta vie / Et sans dire un seul mot te mettre à rebâtir ». Lui n'a jamais rebâti. Il assume plus que jamais ses jugements à l'égard des Allemands, entre deux descriptions des tranchées : « Nous avons affaire à des animaux. »

Ses chroniques de guerre seront publiées en six épisodes dans les colonnes du *Daily Telegraph* ainsi que dans celles du *New York Sun*, pour le public américain. Il écrira encore, avec souvent des larmes au fond des yeux, le remords dans le corps, la faute dans le sang. Ses lettres, ses nouvelles, ses contes seront abreuvés du sanglot de l'homme seul. Le journaliste qui voulut être écrivain et non pas roi rêvait surtout d'être père longtemps. Une rafale dans les Flandres l'en empêcha. La guerre dans son cœur fut toujours recommencée.

Olivier Weber, écrivain, grand reporter
(dernier ouvrage paru : *La confession de Massoud*, Paris, Flammarion, 2013).

Chronologie

30 décembre 1865 : naissance de Rudyard Kipling à Bombay (Inde britannique). Il est le fils de John Lockwood Kipling, sculpteur et professeur et d'Alice Kipling, née MacDonald.

1871 : retour en Grande-Bretagne de Rudyard et de sa jeune sœur Alice (« Trix »), pour y débuter leur scolarité.

1878 : Rudyard entre au United Services College à Westward Hol dans le Devon.

1882 : retour à Bombay et début de sa carrière de journaliste à la *Civil and Military Gazette* dans laquelle il publie de nombreuses nouvelles, débutant une carrière d'écrivain prolifique.

1886 : publication de son premier recueil de poésie, *Departmental Ditties and Other Verses*.

1887 : il est muté au journal *The Pioneer*, à Allahabad, et publie en même temps de nombreux recueils de nouvelles.

1888 : *L'homme qui voulut être roi*.

1889 : voyage de six mois aux États-Unis avant de revenir à Liverpool.

1892 : mariage à Londres avec Carrie Balestier et nouveau départ pour les États-Unis. Les Kipling vivront quatre ans dans le Vermont. Ils y auront deux filles, Joséphine et Elsie.

1896 : retour en Angleterre et installation dans le Devon, à Torquay.

1894 : *Le Livre de la jungle*.

1897 : *Capitaines courageux*. Naissance de son fils John.

1898 *:* début de séjours réguliers en Afrique du Sud. Il soutient la cause britannique pendant la guerre des Boers.

1901 : *Kim*.

1907 : premier écrivain britannique (et le plus jeune) à recevoir le prix Nobel de littérature. Il a 42 ans.

1910 : *If*, le plus célèbre de ses poèmes, connu sous le titre français : *Tu seras un homme, mon fils*.

1915 : *La France en guerre*.

27 septembre 1915 : mort de son fils unique John, à la bataille de Loos dans les Flandres.

18 janvier 1936 : mort de Rudyard Kipling au Middlesex Hospital à Londres.

France

Rompue à toutes les infortunes, élevée par-dessus toutes
Par la saine joie de l'existence, bouclier de la Gaule,
Furieuse dans l'opulence, sans merci dans le labeur,
Redoutable par la force qui surgit de son sol infatigable,
Juge le plus strict de sa propre valeur, et le plus délicat de
l'esprit humain,
Première à suivre la Vérité et dernière à renoncer aux vérités
anciennes,
France, bien-aimée de toute âme qui aime son prochain ![1]

Avant de naître (t'en souvient-il ?), allongées côte à côte,
Dans le sein de Rome, impatients de nous élancer dans la mêlée,
Avant que nos deux langues ne se distinguent, notre tâche
commune était connue :
Chacune devait modeler le sort de l'autre tout en forgeant le sien.
C'est pourquoi nous agitâmes l'humanité jusqu'à ce que toute
la Terre fût nôtre,

---

1. Dans ce texte publié pour la première fois en 1913, le poète parle
au nom de l'Angleterre s'adressant à sa sœur la France. En 1921, Kipling
réalisa un enregistrement de cette première strophe ; c'est le seul témoignage
de sa voix parlée dont nous disposons (toutes les notes sont du traducteur).

Jusqu'à, par nos querelles de fin du monde, créer d'étranges
trônes et puissances,
Marionnettes que nous faisions ou brisions pour nous barrer
la route,
Sentinelles nécessaires, mercenaires de notre courroux.
C'est pourquoi nous écumions les mers, bord à bord, pour éclater
Par les portes des nouveaux mondes, ne sachant qui était la
première,
La main à la garde (t'en souvient-il ?), prêtes pour le coup,
Sûres de rencontrer notre ennemi, parmi toutes nos rencontres.
Éperonnées ou empêchées à chaque pas par la force de l'autre,
Nous avons parcouru les siècles et tous les océans !

L'une de nous recula-t-elle jamais devant l'autre ?
Demande à la vague qui n'a pas vu la guerre entre nous deux.
D'autres nous retinrent un moment, mais par des charmes
moins forts,
Et nous les quittions à l'appel des armes l'un de l'autre.
Désireuses d'éprouver les plaisirs connus, nous luttions
également,
Chacune étant pour l'autre mystère, terreur, nécessité, amour.
Chacune avec ses preuves se rendit au tribunal de l'autre.
Aurions-nous pu trouver ailleurs la gloire ou un digne adversaire ?
Chacune à la gorge de l'autre arrachait, suprême récompense
De la valeur, un mot d'éloge éructé entre fente et garde.
Chacune dans la coupe de l'autre mêlait larmes et sang,
Joies brutales, espoirs infinis, craintes intolérables,
Sel ou souillure de la vie pendant un millénaire.
Éprouvées plus qu'on ne peut nous mettre à l'épreuve,
Ô compagne, en tous temps, notre vie fut grandiose !

Enchaînées dans le savoir et le remords, nous reposons enfin,
Riant des vilenies que le temps rend risibles ;
Pardonnant l'occasion qu'aucun pardon n'efface –
Ce péché immortel partagé sur la place du marché de Rouen[1].
Nous regardons naître les nouvelles années, en nous demandant
Si elles recèlent des éclairs plus farouches que ceux que nous
lançâmes.
Nous entendons monter les nouvelles voix qui interrogent ou
se vantent
Comme nous faisions rage (t'en souvient-il ?) quand nos foules
se déchaînaient.
Nous comptons les nouvelles marines et les nouvelles armées,
Massées comme les nôtres (t'en souvient-il ?) quand nous
préparions nos coups.

Au péril de sa vie chacune apprit à connaître la lame de l'autre.
Le sang et le fer en feront-ils plus que nous n'avons fait ?
Par l'usage intensif chacune a appris à connaître l'esprit de
l'autre.
Le sang et le fer uniront-ils ce que nous ne pouvons lier ?
Chacune a déferlé sur la côte de l'autre, a pillé la maison de
l'autre,
Depuis que le glaive de Brennus frappa la balance romaine ;
Nous écoutons, comptons, serrons les rangs encore,
En une garde unie et forte pour la paix sur la terre !

Rompue à toutes les infortunes, élevée par-dessus toutes
Par la saine joie de l'existence, bouclier de la Gaule,
Furieux dans l'opulence, sans merci dans le labeur,

---

1. Allusion à Jeanne d'Arc, condamnée par les Anglais à mourir sur le bûcher, en 1431. Béatifiée en 1909, elle serait canonisée en 1920.

Redoutable par la force qui surgit de son sol infatigable,
Juge le plus strict de sa propre valeur, et le plus délicat de
l'esprit humain,
Première à suivre la Vérité et dernière à renoncer aux vérités
anciennes,
France, bien-aimée de toute âme qui aime son prochain !

1

À la limite de la civilisation

– C'est un joli parc, dit l'officier d'artillerie français. Nous y avons beaucoup travaillé depuis que le propriétaire est parti. J'espère qu'il appréciera, à son retour.

La voiture montait une route sinueuse à travers bois, entre des talus ornés de petits chalets rustiques. D'abord, les chalets se dressaient de toute leur hauteur au-dessus du sol, rappelant les *tea-gardens* anglais. Plus loin, ils s'enfonçaient dans la terre jusqu'à ce que, au sommet de l'ascension, seuls leurs massifs toits bruns se montrent. Les branches arrachées, penchées par-dessus la route, avec ici et là une zone roussie dans le sous-bois, expliquaient la pudeur des maisonnettes.

Le château qui surplombait les splendeurs de la forêt et du parc trônait fièrement sur une terrasse. Il était en parfait état, hormis, si on le regardait de près, quelques éraflures ou entailles dans ses murs de pierre blanche, ou un encore trou nettement creusé sous une volée de marches. Un trou semblable était garni d'un obus non explosé.

– Oui, dit l'officier, ils arrivent jusqu'ici de temps à autre.

Quelque chose mugit de l'autre côté des replis des collines boisées ; quelque chose grommela en réponse. Quelque chose passa dans le ciel, tapageur mais non sans dignité. Deux nouveaux aboiements clairs se joignirent au chœur, et un homme se dirigea paresseusement en direction des canons.

– Eh bien, et si nous allions jeter un coup d'œil à la situation ? proposa le commandant.

UN POSTE D'OBSERVATION

Il y avait un arbre exceptionnel, un arbre digne d'un tel parc, le genre d'arbre qu'on emmène toujours les visiteurs admirer. Une échelle y montait jusqu'à une plate-forme. Le peu de vent qu'il y avait bousculait la cime, et l'échelle grinçait comme une passerelle de navire. Un téléphone tinta à quinze mètres au-dessus de nous. Deux canons invisibles s'exprimèrent avec ferveur pendant une demi-minute, puis se turent comme des terriers asphyxiés par leur laisse. Nous grimpâmes jusqu'à ce que la plate-forme supérieure se balance en dessous de nous, comme prise de mal de mer. On trouvait là un abri rustique, toujours sur le modèle du *tea-garden*, une table, une carte, et une petite fenêtre enserrée de branches vives qui vous donnait un premier aperçu du Diable et de ses œuvres. C'était une étendue de terrain découvert, avec quelques bâtons comme de vieilles brosses à dents, qui avaient jadis été des arbres autour d'une ferme. Le reste n'était qu'herbe jaune, apparemment aussi stérile que la brousse.

– L'herbe est jaune parce qu'ils ont utilisé les gaz ici, dit un officier. Leurs tranchées sont… Voyez vous-même.

Dans les bois, les canons reprirent. Ils semblaient sans lien avec les bouffées de fumée qui surgissaient à intervalles réguliers au-dessus d'une petite tache sur la terre déserte, à deux kilomètres, sans lien aucun avec les voix puissantes qu'on entendait aller et venir. C'était aussi impersonnel que l'élan de la mer contre une digue.

Cela se déroulait ainsi : un silence – le son se préparant comme la course d'une vague qui monte, puis la tête des lames projetée très haut jaillissant toute blanche à la surface d'un épi. Soudain, une septième vague se brisa et déploya son écume en un panache surplombant toutes les autres.

– C'est l'un de nos torpilleurs, ce que vous appelez *trench-sweepers*, des balayeurs de tranchées, dit l'observateur parmi les feuilles murmurantes.

Quelqu'un traversa la plate-forme pour aller consulter la carte. Une giclée éblouissante de fumées blanches s'éleva un peu derrière le grand panache. C'était comme si la houle avait percuté un récif, là-bas.

Puis une nouvelle voix, au volume terrible, se hissa hors du calme qui suivit. Quelqu'un éclata de rire. De toute évidence, cette voix était connue.

– Ce n'est pas pour nous, dit un canonnier. Ils les ont réveillés, à …. (il nomma une position française éloignée). Untel s'occupe d'eux là-bas. Pour nous, la routine continue. Regardez ! Un autre torpilleur.

LES BARBARES

À nouveau un grand panache se dressa, et à nouveau les obus légers explosèrent au-delà, à la distance fixée. La fumée s'évanouit sur ce morceau de tranchée, comme l'écume d'une vague meurt dans l'angle des murs d'un port, et se brisa à nouveau un demi-kilomètre plus bas. Dans sa paresse apparente, sa lenteur redoutable et ses rapides spasmes de colère, elle ressemblait plus à l'œuvre de la mer que des hommes ; et le doux vacillement de notre plate-forme était exactement le mouvement d'un bateau dérivant avec nous vers le rivage.

– La routine. Rien que la routine, expliqua l'officier. Parfois c'est ici. Parfois c'est au-dessus de nous ou plus bas. Je suis ici depuis le mois de mai.

Un rayon de soleil inonda le paysage désolé et en fit paraître plus abject encore le jaune chimique. Un détachement de soldats apparut sur une route qui courait vers les tranchées françaises, puis disparut au pied d'une petite éminence. D'autres hommes se dirigeaient vers nous avec cette motivation et cette allure intenses qu'on voit dans les deux armées quand… l'heure du dîner approche. Ils avaient l'air de gens qui avaient creusé dur.

– Le même travail. Toujours le même travail ! dit l'officier. Et vous pourriez marcher d'ici jusqu'à la mer ou jusqu'à la Suisse dans cette tranchée, vous trouveriez le même travail en cours partout. Ce n'est pas la guerre.

– C'est mieux que ça, dit un autre. C'est un peuple qui se fait dévorer. Ils viennent, ils remplissent les tranchées et ils meurent, et ils meurent ; et ils en envoient d'autres, et ceux-là meurent aussi. Nous en faisons autant, bien sûr, mais… regardez !

Il désigna les grosses têtes de fumée qui se renouvelaient lentement le long de cette plage jaunie.

– C'est la limite de la civilisation. Ils ont toute la civilisation contre eux, ces brutes, là-bas. Ça n'est pas les victoires logiques des guerres d'autrefois que nous voulons. Ce sont les barbares, tous les barbares. Maintenant, vous avez tout vu en petit. Venez voir nos enfants.

DES SOLDATS DANS DES GROTTES

Nous quittâmes ce grand arbre dont les fruits sont la mort mûrie et distribuée au gré de petites sonneries. L'observateur retourna à ses cartes et à ses calculs ; le petit téléphoniste se raidit derrière son standard alors que les amateurs disparaissaient de son existence. Quelqu'un cria dans les branches pour demander qui s'occupait de… disons Bélial[1], car je ne pus saisir le nom du canon. C'était apparemment celui qui émettait cette terrifiante nouvelle voix qui s'était élevée pour la deuxième ou troisième fois. D'après la réponse, je compris que si Bélial parlait trop longtemps, on s'occuperait de lui depuis un autre endroit situé à des kilomètres.

Les soldats que nous descendîmes voir étaient au repos dans une série de grottes qui avaient jadis été des carrières, puis avaient été équipées par l'armée pour son propre usage. Il y avait des couloirs, des antichambres, des rotondes souterraines et des puits d'aération, en un stupéfiant entrecroisement de lumières, si bien que partout où l'on tournait ses regards, on voyait des hommes d'armes qu'auraient pu peindre Goya.

Tout soldat tient un peu de la vieille fille et se réjouit de toutes les petites astuces qu'il imagine. La mort et les blessures relèvent de la nature, mais coucher au sec, dormir profondément, et se maintenir propre à force de prévoyance et d'invention est un art, et en toutes choses, le Français est suprêmement artiste.

De plus, les officiers français semblent avoir pour leurs hommes un amour aussi maternel qu'est fraternel l'amour qu'ont pour eux leurs hommes. La formule possessive « Mon général », « Mon capitaine », contribue peut-être à cette idée, là où l'anglais emploie d'autres tournures plus sèches. Et comme les nôtres, ces soldats étaient soudés depuis des mois dans la même fournaise. Comme le dit un officier : « Nous n'avons plus besoin d'exprimer la moitié des ordres. L'expérience nous habitue à penser ensemble. » Je pense aussi que lorsqu'un soldat

---

1. Nom d'un des démons régnant sur les Enfers.

français a une idée – et ils en sont pleins –, elle atteint plus vite son commandant que dans l'armée anglaise.

LES CHIENS DE SENTINELLE

L'impression dominante était l'éclatante santé et la vitalité de ces hommes, et la qualité de leur éducation. Malgré leur dégaine et le plaisir que leur inspire la vie, leurs voix lorsqu'ils parlaient dans les cavernes latérales, parmi les râteliers d'armes, étaient les voix contrôlées de la civilisation. Pourtant, quand la lumière perçait l'obscurité, ils avaient l'air de bandits se partageant leur butin. Une image ne me quitte pas, bien qu'elle soit loin de la guerre. Un jeune géant superbement bâti, au teint hâlé, s'était dépouillé de sa vareuse bleue et, d'un geste, l'avait déposée sur l'épaule d'un camarade à demi-nu, agenouillé à ses pieds, s'occupant de ses chaussures. Ils se tenaient devant une brume bleutée, en partie lumineuse, à travers laquelle scintillait un tas de paille cuivrée à moitié recouvert par une couverture rouge. Par un divin hasard de lumière et de posture, c'était saint Martin offrant son manteau au mendiant. Il y avait des dizaines de tableaux dans ces galeries, notamment une chapelle taillée dans le roc où le rouge de la croix luisait comme un rubis sur une nappe d'autel en toile grossière. Plus loin dans les grottes nous trouvâmes une rangée de petites niches creusées dans la pierre, chacune occupée par un chien sage et silencieux. Leur tâche commence la nuit, avec les sentinelles et aux postes d'écoute. « Et croyez-moi, dit fièrement un instructeur, mon ami que voici connaît la différence entre le bruit de nos obus et celui des obus boches. »

Quand nous ressortîmes, nous eûmes encore de bonnes occasions d'étudier ce sujet. Des voix et des ailes se rencontraient et passaient dans l'air et, peut-être, un jeune arbre vigoureux n'était pas aussi penché par-dessus la pittoresque allée du parc quand nous y étions passés la première fois.

– Oh oui, dit un officier, il faut bien que les obus tombent quelque part et après tout, ajouta-t-il avec une belle tolérance, c'est contre nous que le Boche les dirige. Mais venez voir mon abri. C'est le plus beau de tous les abris possibles.

– Non, venez voir notre mess. C'est le Ritz de ces lieux.

Et ils me contèrent gaiement comment ils s'en étaient procuré les divers conforts et élégances, tandis que des mains surgissaient des ténèbres pour serrer les nôtres, tandis que des soldats nous accueillaient par des hochements de tête et des saluts, à travers toute la joyeuse fraternité des bois.

LE TRAVAIL DES CHAMPS

Les voix et les ailes s'affairaient encore après le déjeuner, quand la voiture longea les *tea-houses* de l'allée et déboucha dans une zone où des femmes et des enfants travaillaient à la moisson. De grands cratères d'obus creusaient les bas-côtés ou le milieu des champs, et souvent une chaumière ou une villa avait été écrasée comme un carton à chapeau est écrasé par un parapluie. Cela doit être l'œuvre de Bélial lorsqu'il mugit avec tant de brutalité dans les collines du nord.

Nous cherchions une ville qui vit sous les tirs d'obus. La route normale avait été déclarée dangereuse, même si les femmes et les enfants ne semblaient guère s'en soucier. Nous prîmes des chemins détournés, dont les hauteurs et les tournants exposés étaient légèrement masqués par des coupe-vent d'arbres desséchés. Au sol, les cratères étaient assez nombreux. Mais les femmes, les enfants et les vieillards poursuivaient leur travail avec le bétail et les récoltes ; là où une maison avait été détruite par les obus, les débris étaient réunis en un tas bien net, et là où une pièce ou deux restaient utilisables, elles étaient habitées, et les rideaux en lambeaux flottaient au vent aussi fièrement que n'importe quel drapeau. Et dire qu'il fut un temps où je critiquais la jeune France parce qu'elle essayait de se tuer sous les roues de ma voiture, et les grosses vieilles femmes qui traversaient les routes sans prévenir, et surtout les vieillards sourds qui dormaient dans des charrettes du mauvais côté de la chaussée ! À présent, je pourrais me découvrir pour saluer chacun d'entre eux, si ce n'est qu'on ne peut pas traverser nu-tête un pays entier. Plus nous nous approchions de notre ville, moins il y avait de gens, jusqu'au moment où nous nous arrêtâmes enfin dans un faubourg bien construit, aux rues pavées, où il n'y avait pas âme qui vive…

UNE VILLE EN RUINES

Le silence était aussi terrible que l'invasion des mauvaises herbes promptes à pousser entre les pavés ; l'air sentait la poudre de mortier et la pierre broyée ; le bruit de nos pas résonnait comme un caillou qui tombe dans un puits. L'horreur des immeubles démolis et des grands magasins éventrés vous pousse d'abord à gaspiller en colère votre énergie. Il est indigne que des pièces soient arrachées aux bâtiments comme on arrache la mie tendre à l'intérieur d'un pain, que le toit des villas soit étendu sur le portail de fer des garages, ou que les portes d'un salon battent seules et désunies entre deux étendues de poutrelles tordues. L'œil se lasse du motif répété que les obus forment sur les murs de pierre, comme la bouche s'écœure du goût du mortier et du bois calciné. Un quart de la ville avait été quasiment rasé par les bombardements ; les façades des maisons se dressaient sans portes, sans toits et sans fenêtres, comme un décor de théâtre. C'était près de la cathédrale, qui est toujours une cible de choix pour les païens. Ils avaient perforé et déchiré les côtés de la cathédrale même, si bien que les oiseaux pouvaient y aller et venir à leur guise ; ils avaient troué la toiture, arraché d'énormes blocs à leurs contreforts, piqueté et perforé le parvis pavé. Ils étaient au travail, cet après-midi-là aussi, mais je ne crois pas que la cathédrale ait alors été leur objectif. Nous nous promenâmes dans le silence des rues et sous les ailes bruissantes. Une jeune femme, rasant les murs, traversa un carrefour. Une vieille ouvrit un volet (quel grincement !) et lui parla. Le silence revint, mais j'eus l'impression d'entendre un chant, le genre d'hymne qu'on entend monter de voix souterraines dans les villes de cauchemar.

DANS LA CATHÉDRALE

– C'est absurde, dit un officier, qui chanterait ici ?
Nous refîmes le tour de la cathédrale et vîmes ce que les pavés peuvent faire contre leur propre ville, quand les obus les font sauter en l'air. Mais on chantait bel et bien, derrière une petite porte au flanc de la cathédrale. Nous y jetâmes un coup d'œil, plein de doutes, et nous vîmes au moins cent personnes, des femmes surtout, agenouillées devant l'autel d'une chapelle intacte. Nous nous retirâmes vite de cet espace sacré, et les yeux des officiers français ne furent pas les seuls à se remplir de larmes. Puis vint une créature chargée d'années, un missel à la main, trottinant sur le parvis, visiblement en retard pour l'office.
– Et qui sont ces femmes ? demandai-je.

– Certaines sont des concierges, d'autres ont encore ici de petites boutiques (il y a encore un quartier où l'on peut acheter des choses). Il y a beaucoup de gens âgés, aussi, qui ne veulent pas partir. Ils sont d'ici, voyez-vous.

– Et les bombardements sont fréquents ?

– Ils ont lieu constamment. Voulez-vous aller voir la gare ? Elle n'a pas été bombardée autant que la cathédrale, bien sûr.

Nous avançâmes dans la nudité flagrante des rues désertes, jusqu'à atteindre la gare, qui avait été bien pilonnée mais, comme le disaient mes amis, rien de comparable avec la cathédrale. Puis nous dûmes traverser le bout d'une longue rue dans laquelle le Boche pouvait voir clair. En levant les yeux, on constatait à quel point les mauvaises herbes, pour qui la guerre des hommes est la trêve de Dieu, étaient revenues et s'étaient bien établies sur toute sa longueur, contemplées par un alignement de fenêtres ouvertes et vides.

2

L'esprit d'une nation

Nous quittâmes une ville frappée mais invaincue, fîmes quelques kilomètres sur les routes le long desquelles les femmes gardaient leurs vaches, et arrivâmes sur une colline où était cantonné un régiment marocain aux expériences nombreuses.

C'étaient des Mahométans étonnamment semblables à une demi-douzaine de nos Indiens des frontières, même s'ils ne parlaient aucune langue accessible. Ils avaient bien sûr transformé la ferme où ils dormaient en un petit morceau d'Afrique, par la couleur et par l'odeur. Ils avaient été gazés au nord, ils s'étaient fait tirer dessus et allaient à nouveau recevoir des obus, et leurs officiers parlaient de guerres nord-africaines dont nous n'avions jamais entendu parler, de journées étouffantes sans grand espoir dans le désert, il y a des années.

– Ensuite, et c'est pareil chez vous, je suppose, nous tirons nos meilleures recrues des tribus contre lesquelles nous nous sommes battus. Ces hommes sont des enfants. Ils ne font pas de difficultés. Ils veulent seulement aller où on brûle des cartouches. Ils font partie de ces races peu nombreuses pour qui se battre est un plaisir.

– Et depuis combien de temps avez-vous affaire à eux ?

– Longtemps, longtemps. J'ai aidé à organiser ce corps d'armée. Je suis de ceux dont le cœur est en Afrique.

Il parlait lentement, comme s'il cherchait ses mots en français, puis donna un ordre. Je n'oublierai pas son regard lorsqu'il se tourna vers un immense musulman basané, semblable à un Afridi[1], accroupi à côté de son fourniment. Il avait la tête divisée en deux, cet officier barbu, brûlé, à la parole lente, rencontré et quitté en moins d'une heure.

Le jour se termina (après un interlude incroyable dans un château de rêve, qui n'était qu'étangs miroitants, arbres majestueux et enfilades de salon blanc et or. Le propriétaire était le chauffeur de quelqu'un au front, et nous bûmes à son excellente santé) dans un petit village, dans un crépuscule plein des vapeurs d'essence de nombreuses voitures et de la saine odeur de nos vaillants soldats. Pour arriver au camp, il n'y a pas meilleur guide qu'un nez songeur, et j'ai beau avoir fourré le mien partout, je n'ai trouvé nulle part la puanteur vile et traîtresse des hommes sous-nourris et mal lavés. Et cela vaut aussi pour les chevaux.

La ligne qui ne dort jamais

Il est difficile de rester alerte après des heures de grand air et d'expériences, on ne tire donc pas le maximum du moment le plus intéressant de la journée : le dîner au quartier général local. C'est ici que se rencontrent les professionnels, la Ligne, l'Artillerie, le Renseignement, avec ses stupéfiants clichés des tranchées ennemies, l'Intendance, l'État-major, qui recueille et note tout, et qui est très convenablement moqué, et bien

1. Les Afridis sont une tribu pachtoune d'Afghanistan.

sûr, l'Interprète qui, à force de questionner les prisonniers, se transforme naturellement en Saducéen[1]. Ce sont leurs petits apartés, leur jargon, ces demi-mots qui, si vous les compreniez au lieu de regarder votre assiette d'un œil somnolent, vous raconteraient en petit l'histoire de la journée. Mais la fatigue et les difficultés d'une langue sœur (et non étrangère) embrument tout, et l'on part se coucher parmi un murmure de voix, le vacarme de voitures isolées dans la nuit, le passage des bataillons et, derrière tout cela, l'écho des voix profondes qui s'appellent les unes les autres, le long de cette ligne qui ne dort jamais.

*   *

*

La crête aux pins épars aurait pu dissimuler des enfants qui jouent. Un cheval y aurait certainement été tout à fait visible, mais il n'y avait pas trace de canons, excepté un sémaphore annonçant qu'il était interdit de passer par-là à cause des tirs de batterie. Les Boches devaient eux aussi avoir cherché cette batterie. Le sol était criblé de cratères d'obus de tous les calibres, certains frais comme des taupinières en cette matinée humide et brumeuse, d'autres où les coquelicots avaient fleuri tout l'été.

– Et où sont les canons ? finis-je par demander.

Ils étaient presque à portée de main, leurs munitions rangées près d'eux dans des caves et des abris. Autant qu'on sache, le canon de 75 n'a pas de petit nom. La baïonnette est Rosalie, la vierge de Bayonne, mais le 75, nourrice vigilante des tranchées et petite sœur de la Ligne, semble être toujours « le 75 ». Même

1. Avec les Pharisiens, les Esséniens et les Zélotes, les Saducéens étaient l'un des quatre grands courants du judaïsme antique ; leur groupe se composait surtout de prêtres et d'aristocrates.

ceux qui l'adorent n'insistent pas sur ses beautés. Ses mérites sont français : logique, franchise, simplicité et ce don suprême de savoir réagir à tout, dans le feu de l'action. On voit et on étudie les quelques ustensiles qui lui font faire ce qu'il fait, et l'on a l'impression que n'importe qui aurait pu l'inventer.

LES FAMEUX 75

– À propos, dit un commandant, il a été inventé par n'importe qui, ou plutôt par tout le monde. L'idée générale vient de tel système, dont le brevet avait expiré, et nous l'avons améliorée ; le mécanisme de culasse, avec une légère modification, vient de quelqu'un d'autre ; la mire est peut-être un peu spéciale, la hausse aussi, mais au fond, ce n'est qu'un assemblage de variantes et d'arrangements.

Bien entendu, Shakespeare n'a jamais tiré davantage de l'alphabet. L'artillerie française fabrique ses canons comme il conçut ses pièces de théâtre. C'est aussi simple que ça.

– Il ne se passe rien pour le moment, il y a trop de brume, dit le commandant. (J'imagine que, le Boche étant en général méthodique, il profite de ces pauses pour faire visiter ses batteries. Du moins, il y a des heures dangereuses et des heures sans danger, qui varient pour chaque position). Mais voilà un endroit, et une distance, reprit le commandant après avoir réfléchi un moment. Disons… (et il indiqua un chiffre).

Les servants se reculèrent avec la lassitude ennuyée du professionnel face au profane qui empiète sur ses mystères. D'autres civils étaient déjà venus, avaient vu, souri et complimenté, puis étaient repartis, laissant les canonniers griller, moisir ou geler pendant des semaines et des mois sur leur morne coteau. Puis le canon parla, d'une voix plus haut perchée que le nôtre, me sembla-t-il, avec un côté plus revêche dans la course de l'obus. Le recul fut rapide et gracieux comme le haussement d'épaules d'une Française ; le caisson vide tinta contre l'affût ; à cinquante mètres, deux ou trois pins hochèrent leur cime l'une vers l'autre d'un air avisé, alors qu'il n'y avait pas de vent.

– Ils vont bien se demander à quoi rime ce tir unique, là-bas. En règle générale, nous ne leur envoyons pas une dose à la fois, ricana quelqu'un.

Nous attendîmes dans le silence parfumé. Rien ne revenait de la brume qui enveloppait les terres plus basses, mais dans cette guerre aucun obus n'a jamais été accompagné de prières plus ferventes pour qu'il cause des dégâts.

On parla de la vie des canons, du nombre de salves que tolèrent les uns et pas les autres, de la vitesse à laquelle on peut fabriquer deux bons canons avec trois canons abîmés, et de la chance folle que connaît parfois un simple coup ou une salve en aveugle.

La réalité du mal

Un obus doit tomber quelque part, et en vertu de la loi des moyennes, il arrive qu'il tombe exactement, comme un pigeon de retour au bercail, à l'endroit où il fera le plus de dommages. Alors la terre s'ouvre sur plusieurs mètres, et il faut exhumer les hommes, les uns à peine secoués, qui remuent la tête, jurent et reprennent leur travail, les autres dont l'âme s'est perdue parmi ces terreurs. Ceux-là doivent être traités comme leur psychisme l'exige, et l'officier français est bon psychologue. L'un d'eux a dit :

– Notre psychologie nationale a changé. Je ne la reconnais pas moi-même.

– Qu'est-ce qui a causé ce changement ?

– Le Boche. S'il s'était tenu tranquille pendant vingt ans encore, le monde aurait été à lui, pourri, mais tout à lui. À présent, il sauve le monde.

– Comment ?

– Parce qu'il nous montre ce qu'est le Mal. Vous et moi, l'Angleterre et le reste, nous commencions à douter de l'existence du Mal. Le Boche nous sauve.

Puis nous jetâmes à nouveau un coup d'œil à l'animal dans sa tranchée, un peu plus proche, cette fois, et plus calme à cause du brouillard. Prenez la chaîne à l'endroit qu'il vous plaira, vous trouverez le même poste d'observation, les mêmes table, carte, observateur et téléphoniste ; les mêmes canons toujours cachés et toujours prêts ; et le même estran disputé des tranchées, fumant et tremblant, depuis la Suisse jusqu'à la mer. La conduite de la guerre varie selon la nature du pays, mais les outils ne changent pas. On les contemple enfin avec le même émerveillement las que face à la répétition infinie des hiéroglyphes égyptiens. Un long profil bas, avec une masse d'un côté, signifie le canon de campagne et la caisse de munitions qui l'accompagne ; un cercle et une fente indiquent un poste d'observation ; la tranchée est une ligne brisée, parsemée de panaches verticaux d'explosion ; les gros canons de position, qui vont et viennent avec leur voiture, se répètent comme les scarabées ; et l'homme lui-même est une petite tache bleue, pas plus grand qu'un viseur, rampant, glissant, regardant et courant parmi tous ces symboles terribles.

La tragédie de Reims

Mais il n'existe pas de hiéroglyphe pour Reims, pas d'engourdissement de l'esprit face aux abominations commises sur sa cathédrale. L'édifice scrute le ciel, estropié et aveuglé, surgi de l'épave absolue du palais archiépiscopal d'un côté et des tas de poussière des maisons écroulées de l'autre. Ils l'ont bombardé, comme ils le bombardent encore, à force d'explosifs et d'obus incendiaires, de sorte que les statues et les sculptures ont pris par endroits la couleur de la chair à vif. Les gargouilles sont en miettes ; les statues, les crochets et les flèches effondrés, les murs fendus et abattus, les vitraux éclatés et les ogives effacées. Partout où l'on regarde cette masse torturée, on ne voit que mutilation et profanation, et pourtant elle n'a jamais eu plus d'âme qu'elle n'en a aujourd'hui.

À l'intérieur (« Couvrez-vous, messieurs, dit le sacristain, cet endroit n'est plus consacré »), tout a été balayé ou brûlé d'un bout à l'autre, sauf deux candélabres devant la niche où se trouvait autrefois l'image de Jeanne d'Arc. Il y a là maintenant un drapeau français (et la dernière fois que j'ai vu la cathédrale de Reims, c'était par un crépuscule printanier, quand la grande rosace ouest rougeoyait, et les seules lumières à l'intérieur étaient celles de cierges qu'un pénitent anglais avait allumés en l'honneur de Jeanne sur ces mêmes candélabres). Le maître-autel était couvert de tapis de sol ; les dalles du sol étaient craquelées et descellées par les débris tombés du toit ; le sol était jonché de verre pilé et de pierre réduite en poudre, de lambeaux de plomb des vitraux et de fragments de fer. Deux grandes portes, soufflées par un obus tombé dans le jardin de l'Archevêque, s'étaient incurvées, grotesques, comme un tonneau. Et elles s'étaient bloquées là. Les vitraux… mais le bilan a été dressé, et sera tenu par de meilleures mains que les miennes. Il durera tout le temps de la génération pendant laquelle le Teuton sera mis au ban de l'humanité, pendant toutes ces longues années qui viendront une fois la guerre du corps terminée, quand commencera la guerre véritable. Reims n'est que l'un des autels érigés par les païens pour commémorer leur propre mort à travers le monde. Il servira. Il y a là une marque, désormais bien connue, qu'ils ont laissée comme sceau visible de leur destin. Quand ils ont mis le feu à la cathédrale, on y soignait quelques centaines de leurs blessés. Les Français en ont sauvé autant qu'ils ont pu, mais il a fallu en abandonner certains. Parmi eux se trouvait un major, étendu le dos contre une colonne. On a ordonné que les traces de ses tourments soient préservées, le contour des deux jambes et de la moitié d'un corps, imprimé en traînées noires et grasses sur les pierres. Il y a quantité de gens qui espèrent et prient pour que ce signe soit respecté au moins par les enfants de nos enfants.

Courage et foi

Et pendant ce temps, Reims poursuit ses affaires, avec des nerfs d'acier, avec cette endurance et cette foi qui sont le nouvel héritage de la France. L'affliction est assez grande quand les gros obus tombent ; la souffrance et la terreur se répandent dans la population, et il y a toujours de nouvelles profanations à voir et à subir. Les vieillards et les enfants boivent chaque jour à cette coupe, et pourtant l'amertume n'entre pas dans leur âme. De simples mots d'admiration seraient impertinents, mais l'exquise qualité de l'âme française ne cesse de m'émerveiller. Ils disent eux-mêmes, quand ils parlent : « Nous ne savions pas ce qu'était notre nation. Franchement, nous ne nous y attendions pas nous-mêmes. Mais cette chose est arrivée, et comme vous voyez, nous survivons. »

Ou, comme une femme l'a dit plus logiquement : « Que pouvons-nous faire d'autre ? Rappelez-vous, nous avons connu le Boche en 70, pas vous. Nous savons ce qu'il a fait cette année. Ce n'est pas une guerre. C'est contre des bêtes sauvages que nous nous battons. Il n'y a pas d'arrangement possible avec les bêtes sauvages. » C'est le point essentiel dont nous devons à tout prix prendre conscience, en Angleterre. Nous avons affaire à des animaux qui se sont scientifiquement et philosophiquement exclus de la civilisation, de façon inconcevable. Quand vous avez entendu quelques récits de leurs actes, seulement quelques-uns, vous commencez à comprendre un peu. Quand vous avez vu Reims, vous comprenez un peu plus. Quand vous avez assez longtemps regardé le visage des femmes, vous en venez à penser que les femmes auront beaucoup à dire lors du jugement final. Elles l'ont mille fois mérité.

3

Le spectacle de la bataille et une revue

Voyager avec deux chauffeurs n'est pas le luxe qu'on pourrait croire, puisque vous êtes seul et qu'il y a toujours un de ces hommes de fer pour reprendre le volant. Et je n'arrive pas à déterminer si un ex-professeur d'allemand, un ex-coureur automobile qui a vécu six ans à l'étranger, un maréchal des logis ou un brigadier fait le plus vigoureux chauffeur pour affronter cinq kilomètres de circulation militaire qu'on croise toutes les demi-heures. Parfois, c'était une série d'ambulances tout le long d'une route plate, ou le ravitaillement, ou ces sempiternels canons qui arrivent dans un virage, des arbres enchaînés sur leur dos pour intriguer les aéroplanes, leur caisson feuillu cliquetant à l'arrière. Dans les rares pauses, des hommes munis de rouleaux compresseurs et de pierre concassée attaquaient la route. En temps de paix, les routes de France, à cause des automobiles, n'étaient pas trop bonnes. En temps de guerre, elles supportent la circulation incessante bien mieux qu'elles ne supportaient le tourisme. Après mille kilomètres parcourus à une vitesse comprise entre 60 et 70 km/h, j'eus une impression d'excellence uniforme. Et sur toute cette distance, je n'ai rencontré aucun accident, aucun véhicule en panne, alors qu'elles étaient rudement mises à l'épreuve. Le plus étonnant, c'est que nous n'avons tué personne, mais nous faisions des miracles dans les rues pour éviter les bébés, les chatons et les poulets. Le pays est habitué au moindre détail de la guerre, à sa crasse, à son horreur et à ses expédients, mais aussi à la courtoisie sans limite de la guerre, à l'amabilité, à l'endurance, et à cette gaieté qui, Dieu merci, vient compenser d'accablantes pertes matérielles.

Esquisse d'un village

Un village avait été tellement pilonné qu'il paraissait plus vieux que Pompéi. Il ne restait plus un toit, plus une maison entière. Dans la plupart des cas on voyait jusque dans les caves. Tout autour, le houblon était mûr dans les champs parsemés de tombes. Il avait été récolté et empilé dans l'esquisse de maison la plus proche. Assises sur des chaises disposées sur la chaussée, des femmes détachaient les fruits des tiges parfumées. Quand elles avaient fini une botte, elles se penchaient en arrière et en prenaient une autre par la fenêtre derrière elles, tout en parlant et riant. Une charrette devait être manœuvrée hors de ce qui avait été une cour de ferme, pour emporter le houblon au marché. Une jeune femme blonde, large et épaisse, de celles que dessinait Millet, appuya de tout son poids contre un rayon de la roue et poussa la charrette dans la rue. Puis elle se secoua et, les mains sur les hanches, dansa en sabots une petite gigue de défi avant d'aller chercher le cheval. Une autre jeune fille arriva par un pont. Elle était exactement du type opposé, mince, les traits délicats, la peau blanche. Elle portait sur l'épaule un balai tout neuf, au milieu de cette désolation, et se tenait avec toute la grâce et tout l'orgueil de la reine Iseult. La fermière sortit, menant le cheval, et quand les deux jeunes créatures se croisèrent, elles se saluèrent et se sourirent, le délicat pêle-mêle des tiges de houblon à leurs pieds.

Au nord, les canons parlaient sérieusement. C'était l'Argonne, où le Kronprinz[1] s'activait pour éliminer quelques milliers des fidèles sujets de son père, pour s'assurer que le trône paternel lui reviendrait. Aucun homme n'aime perdre son emploi, et quand l'histoire interne de cette guerre finira par être écrite, nous apprendrons peut-être que ceux que nous avons pris à tort pour les principaux acteurs et agents n'étaient que des incompétents ordinaires, remuant ciel et terre pour éviter un renvoi (car il est incontestable que lorsqu'un homme vend son âme au diable, il le fait pour trois fois rien).

LE SPECTACLE DU CANON

Ce dut être un combat acharné. On pouvait y assister depuis un village, en ruines comme d'habitude le long de cette ligne, sur une hauteur surplombant un paysage italien de collines minutieusement dessinées, piquées de petits villages – une plaine avec une route et une rivière au premier plan, le tout baigné d'une lumière d'après-midi soulignant le moindre détail. Les collines fumaient, tremblaient, mugissaient. Un ballon d'observation s'élevait au-dessus de la scène, tandis qu'un aéroplane, qui n'avait rien à voir avec le combat, mais servait simplement à entraîner un débutant, plongeait et se redressait au bord de la plaine. Deux colonnes roses de maçonnerie écroulée, gardant quelques arbustes soigneusement

---

1. Guillaume de Prusse (1882-1951), fils du Kaiser Guillaume II, dernier prince héritier de l'empire allemand. Pendant la Première Guerre mondiale, il fut commandant des Hussards de la mort.

taillés sur une pelouse à moitié ensevelie sous les décombres, représentaient un hôtel où le Kronprinz avait jadis séjourné. Sur tout le flanc de la colline à notre droite, les fondations des maisons étaient exhibées, comme des abats, le soleil brillant dans leurs trous carrés. Soudain, une fanfare se mit à jouer là-haut, parmi les arbres, et un officier de cantonnement, coiffé du nouveau casque anti-obus, qui ressemble au casque du XVIIᵉ siècle appelé « salade », nous suggéra de monter pour mieux voir. C'était un homme aimable, qui avait découvert, pour parler l'anglais (comme moi quand je parle français), qu'il était plus simple de s'en tenir à un seul genre pour tous les mots. Il avait choisi le féminin, et le Boche décrit comme « elle » me donna meilleure opinion de moi-même, ce qui est l'essence de l'amitié. Nous grimpâmes une volée de vieilles marches de pierre, terrain de jeu des petits enfants depuis des générations, et nous trouvâmes une église en ruine et un bataillon cantonné là, se distrayant avec de l'excellente musique et quelques jeux turbulents, à l'extérieur de la foule. Ce jour-là, les soucis dans les collines ne les concernaient plus.

Plus haut encore, sur un chemin étroit parmi les arbres, se tenaient un prêtre et trois ou quatre officiers. Ils regardaient la bataille, attribuant les grandes explosions de fumée à un camp ou à l'autre, tout en gardant un œil sur l'aéroplane scintillant. « À nous », disaient-ils à mi-voix. « À eux ». « Non, pas à nous, celui-là, à eux ! … Cet imbécile remonte trop raide… C'est du shrapnel boche. Ils les font toujours éclater en hauteur. C'est notre gros canon derrière cette colline… Il va faire s'écraser sa machine dans la rue s'il ne fait pas attention… Voilà un balayeur de tranchée. Ces deux derniers étaient à eux, mais celui-ci [un rugissement sonore] était à nous ».

Derrière les lignes allemandes

La vallée retenait et amplifiait les sons à tel point qu'ils semblaient percuter le coteau comme un océan.

Un changement de luminosité révéla un village délicieusement crayonné au sommet d'une colline, une brume rougeâtre à ses pieds.

– Comment s'appelle cet endroit ? demandai-je.

Le prêtre répondit d'une voix profonde comme un orgue.

– C'est Saint-…. Dans les lignes boches. Situation pitoyable.

Les éclairs et les fumées montaient, diminuaient puis se renouvelaient, mais les petits enfants continuaient à jouer de haut en bas des vieilles marches de pierre ; l'aéroplane du débutant courait maladroitement après son ombre par-dessus les champs ; et les soldats cantonnés demandaient à la fanfare leurs airs favoris.

Tandis que les voitures poursuivaient leur chemin, le lieutenant de la garde locale dit : « Elle – jouer – Tipperary[1]. »

Et c'était le cas, avec un accompagnement de grosses pièces dans les collines, qui nous suivit jusque dans une ville toute encerclée d'énormes projecteurs, français et boches réunis, se dévisageant les uns les autres sous les étoiles.

* *

*

---

1. « *It's a long way to Tipperary* » (« La route est longue jusqu'à Tipperary », ville d'Irlande) fut la chanson emblématique des soldats britanniques durant la Première Guerre mondiale.

Il se trouve qu'à cette époque lord Kitchener passait en revue un corps d'armée français avec le général Joffre.

Nous tombâmes sur cette revue dans une vaste cuvette sous des nuages gris, comme l'on arrive soudain devant un plan d'eau, car elle se déployait en lacs brumeux d'hommes en uniforme bleu, mêlés à des taches plus sombres de canons, de chevaux et de chariots, comme des osiers dans le sous-bois. Une route droite coupait le paysage en deux le long de son front murmurant.

ANCIENS COMBATTANTS

C'était comme si Cadmus avait semé les dents du dragon, non pas en sillons ordonnés mais à tout vent, jusqu'au moment où, horrifié par ce qui en naissait, il avait vidé tout le sac pour s'enfuir. Mais ce n'étaient pas de nouveaux guerriers qui surgissaient du sol. La liste de leurs simples batailles rangées aurait rassasié un Napoléon. Leurs régiments et leurs batteries avaient appris à accomplir l'impossible au quotidien, et en douze mois il s'était à peine écoulé une semaine sans contact direct avec la mort. Nous passâmes devant les lignes et regardâmes dans les yeux de ces hommes aux baïonnettes et aux fusils usés ; les paquetages pouvaient quasiment s'accrocher d'eux-mêmes à ces épaules qui se sentiraient nues sans eux ; les canons éclaboussés sur leurs roues réparées et les caissons éprouvés. On sentait la force et la puissance de cette masse humaine comme on sent la chaleur qui se dégage d'un mur cuit par le soleil. Quand les voitures des généraux arrivèrent, il n'y eut ni parole sonore ni galopade. Les lacs d'hommes se réunirent en bataillons bien nets, les batteries s'alignèrent un peu, un escadron tira sur ses rênes ou éperonna, mais tout fut accompli avec la même rapidité sans heurts que la certitude avec laquelle un tireur expert dégaine son pistolet au moment requis. Quelques paysannes virent les généraux descendre de voiture. Les aéroplanes, qui volaient bas comme des hirondelles à l'avant du front (ils devaient en avoir une vue superbe) regagnèrent les hauteurs à loisir, et planèrent comme des faucons. Vint ensuite l'inspection, et l'on vit les deux silhouettes, l'une grande, l'autre petite, diminuer côte à côte sur la route blanche, jusqu'au moment où, très loin, parmi la cavalerie, elles remontèrent dans leurs véhicules, et glissèrent vers une autre plaine gris-vert s'élevant à l'horizon.

– L'armée va passer là où vous êtes. Mettez-vous sur un des flancs, dit quelqu'un.

Une armée en mouvement

À peine nous étions-nous écartés de cette armée immobile qu'elle s'avança soudain, avec en tête les fanfares groupées, jouant un air qui sonnait comme le pouls de la France.

Les deux généraux, avec leur État-major, et le ministre français de la Guerre, cheminaient à pied près d'une étendue de luzerne très verte. C'était un groupe d'une vingtaine de personnes. Les voitures étaient de petits blocs gris contre l'horizon gris. Il n'y avait absolument rien d'autre dans cette grande plaine, à part l'armée ; aucun bruit en dehors des notes changeantes des aéroplanes et la foulée amortie, plutôt que le son, des pieds des soldats sur le sol meuble. Ils franchirent une petite crête, dont on vit la courbe se couvrir d'une fourrure, d'un gazon fait d'abord des pointes de baïonnettes, puis des baïonnettes tout entières, et enfin, se déversa la merveilleuse infanterie. La vitesse, l'élan, l'entrain de cette large masse bleue était comme une course de la houle dans un bras de mer ; et à voir comment une telle vitesse s'accompagnait d'un tel poids, et comment un tel poids pouvait être en soi si parfaitement maîtrisé, on était plein de terreur. Pendant tout ce temps, la fanfare, très en avant, leur parlait et leur parlait encore (comme s'ils n'en savaient rien !) de la passion, de la gaieté et du noble cœur de leur propre terre, en des termes qu'ils étaient les seuls à pouvoir pleinement comprendre. (Entendre la musique d'un pays, c'est comme entendre une femme penser tout haut).

– Quel est cet air ? demandai-je à un officier à côté de moi.

– Ma foi, je suis incapable de m'en souvenir. Pourtant, j'ai souvent défilé dessus. « Sambre et Meuse[1] », peut-être. Regardez ! Voici mon bataillon ! Les chasseurs, là-bas.

Il le reconnaissait, bien sûr, mais que pouvait identifier un étranger dans cette marche de trente mille hommes qui ébranlaient la terre ?

ARTILLERIE ET CAVALERIE

Derrière la crête, le son se fit plus profond.

– Ah, nos canons ! dit un officier d'artillerie, souriant avec indulgence face aux dernières vagues bleues de la Ligne qui s'avançaient déjà vers l'horizon.

Ils marchaient à douze de front, cent cinquante fusils momentanément libres de prendre l'air en compagnie, derrière

---

1. « Le Régiment de Sambre-et-Meuse », chant patriotique évoquant les armées françaises de 1792, composé sur des paroles de Paul Cézano par le compositeur Robert Planquette, qui devait plus tard connaître un grand succès avec l'opérette *Les Cloches de Corneville*.

leurs attelages. Et la semaine prochaine les verrait, cachés individuellement ou tapis en groupes, dans les montagnes, les marais et les forêts, ou parmi les habitations dévastées des hommes, où donc ?

Les gros canons les suivaient, avec cet air de détachement au long nez, propre à leur espèce. L'artilleur qui était mon voisin ne fit aucun commentaire. Il se contentait de laisser son arme parler d'elle-même, mais quand un gros canon, coincé à un endroit, sortit un instant de l'alignement, je le vis froncer les sourcils. L'artillerie poursuivit son chemin avec la même vitesse et le même silence inhumains que les troupes de ligne, et les clairons éclatants de la cavalerie fermèrent la marche.

La cavalerie française ressemble à la nôtre en ce que ses chevaux sont en parfaite condition physique, et ils parlent avec espoir de franchir un de ces jours les fils barbelés pour entrer en action. En attendant, on les emploie à « diverses tâches, selon les besoins », et ils ont tous de la sympathie pour notre Dragon qui refusa catégoriquement d'enlever ses éperons dans les tranchées. S'il devait mourir comme un fichu fantassin, il n'était pas question qu'il soit enterré comme tel. Un cheval d'un des escadrons de flanc décida qu'il en avait assez de la guerre, et renâcla comme la femme de Loth. Son cavalier (nous le regardions tous) chercha dans ses affaires un bâton, dont il se servit, mais sans le moindre effet. Puis il descendit de sa monture et mena la bête par la bride, comme elle le souhaitait visiblement, car lorsqu'il se remit en selle, l'animal se remit à renâcler. Finalement, nous vîmes une silhouette intensément solitaire menant un cheval méchant mais heureux à travers un monde absolument vide. Songez à l'accueil qu'il dut recevoir, le seul sur 40 000 hommes à être resté à la traîne !

Le boche sous l'aspect de mr smith

Le commandant de ce corps d'armée vint saluer. Les voitures repartirent avec les généraux et le ministre de la Guerre, l'armée disparut par-dessus les crêtes, au nord, les paysannes se baissèrent à nouveau pour travailler dans les champs, et la brume humide retomba sur toute la plaine ; mais l'on était encore tout parcouru par l'électricité qui venait de passer. On sait à présent ce que signifie la solidarité de la civilisation. Plus tard, les nations civilisées en sauront davantage, s'étonneront et riront ensemble de leur aveuglement d'autrefois. Quand lord Kitchener descendit la ligne, avant le défilé, ils virent qu'il s'était arrêté pour parler à un général qui avait été le chef d'État-major de Marchand à l'époque de Fachoda[1]. Et Fachoda était l'un des nombreux cas où la civilisation avait été si habilement manœuvrée qu'elle avait bien failli se battre contre elle-même, « pour le roi de Prusse » comme on dit. C'est sur le sol français qu'on comprend le mieux l'immense vilenie du Boche, là où ils en ont fait amplement l'expérience.

– Et pourtant, fit remarquer quelqu'un, nous aurions dû savoir qu'une race qui avait poussé le plus loin l'art d'écrire des lettres anonymes, dans les sales histoires de leur Cour, utiliserait certainement les mêmes méthodes en politique étrangère. Mais pourquoi ne l'avons-nous pas compris ?

– Pour la même raison, répondit un autre, que la société n'a pas compris que feu Mr Smith, dans votre Angleterre, qui avait

---

1. En 1898, les ambitions coloniales de la France et de la Grande-Bretagne s'affrontèrent dans un petit village du Soudan appelé Fachoda (aujourd'hui Kodok) ; le commandant français Marchand et le général britannique Kitchener s'y rencontrèrent, chacun tâchant de faire capituler l'autre.

épousé trois femmes, avait acheté d'avance une baignoire pour chacune et, lorsqu'elles lui eurent toutes légué leur argent, les y noya une par une[1].

– Et ces baignoires s'appelaient-elles par hasard Danemark, Autriche et France en 1870 ? demanda un tiers.

– Non, c'étaient de respectables baignoires anglaises. Mais personne ne s'est méfié avant que Mr Smith noie sa troisième femme. On pensait que « les gens ne font pas des choses pareilles ». Ce sentiment est la meilleure protection du criminel.

---

1. George Joseph Smith (1872-1915), polygame et tueur en série britannique, condamné le 23 mars 1915 pour le meurtre de trois de ses épouses.

4

La terre qui subit

Nous passâmes dans la zone d'une autre armée, dans une
région plus accidentée, où les villages frontaliers étaient plus
abrités. Ici et là, une ville et les champs environnants nous
donnaient un aperçu du zèle furieux avec lequel la France
forme et gère le matériel et les troupes. Ici, comme chez nous,
l'officier expérimenté, s'il est blessé, revient sur le terrain
entraîner les nouvelles recrues. Mais ce qui vous allait droit
au cœur, c'était toujours les petits villages bondés et braves et
la population civile secourant joyeusement et infatigablement
l'armée joyeuse et infatigable. Considérez ces scènes, surprises
à peu près partout durant un voyage : un groupe de petits enfants
en proie à des difficultés face au robinet ou à la pompe à bras du
village. Un soldat, barbu et paternel, ou jeune et mince, et donc
un peu intimidé par les taquineries des grandes filles, s'avance
et soulève le seau ou manie la pompe. Sa récompense, depuis le
plus petit bébé soulevé en l'air ou, si c'est un homme plus âgé,
pressé contre ses genoux, est un baiser. Alors personne ne rit.
Ou une grasse et vieille dame prêchant un sermon contre
certains méchants jeunes soldats qui, dit-elle, savent ce qui
est arrivé à une certaine bouteille de vin. « Et je la réservais
pour vous tous, oui vous tous, ce soir, pas pour les brigands

qui l'ont volée. Oui, je vous le dis, ils l'ont volée ! » Toute la rue l'entend, ainsi que l'officier qui fait semblant de rien, et le demi-bataillon qui s'en amuse, plus loin. Les jeunes gens font pénitence, elle grogne comme un orage mais, s'adoucissant enfin, leur met une bourrade et les pousse avec affection devant elle. Ils ne forment qu'une grande famille.

Ou une jeune fille qui conduit les chevaux dans un champ labouré parsemé de tombes. La machine doit contourner chaque espace sacré. Alors, les mains sur le manche de la charrue, cheveux au vent, elle crie et se plie jusqu'à ce que son petit frère accoure et écarte les bêtes du sillon. Chaque aspect, chaque détail de la vie en France semble chargé de la patine lisse d'une longue guerre, tout sauf l'esprit de la population, aussi frais et glorieux que leur propre terre au soleil.

Une ville et une femme

Nous trouvâmes parmi les collines une ville qui se savait être un trophée ardemment convoité par le Kaiser. Car en vérité, c'était une ville charmante, désirable et insolente. Ses rues étaient pleines de vie, elle possédait un grand magasin presque aussi vaste que Harrod's et rempli de clients, ses femmes s'habillaient et se chaussaient avec soin et avec grâce, comme il convient aux dames qui, à tout instant, peuvent être déchiquetées par les bombes que lâchent les aéroplanes. Et il y avait une autre ville dont la population semblait ne se composer que de soldats à l'exercice, et encore une autre abandonnée aux gros canons et aux munitions, spectacle extraordinaire.

Ensuite, nous arrivâmes dans une petite ville de pierre pâle dont une armée avait fait son quartier général. Elle ressemblait à une femme sans charme qui s'évanouit en public. Elle

s'enorgueillissait jadis de nombreuses institutions publiques
qui avaient été transformées en hôpitaux et en bureaux ; les
blessés boitillaient dans ses rues larges et poussiéreuses, des
détachements d'infanterie la traversaient en hâte ; et des
camions l'arpentaient avec une lassitude totale, vrombissant,
à la recherche de quelque chose à regarder ou à qui parler, je
suppose. Au centre, je trouvai un certain Janny, ou plutôt son
buste de marbre, méditant au-dessus d'un minuscule parterre
d'asters à demi desséchés entouré d'une grille de fer, face à une
école fermée, école que, selon l'inscription du monument, Janny
avait fondée quelque part dans les arides années 1830. C'était
précisément le genre d'école que Janny, à en juger d'après sa
mine, pouvait avoir inventé. Même l'adaptabilité française ne
pouvait rien en tirer. Janny avait donc pour lui tout seul son
école, avec son léger parfum de vernis, dans un calme brûlant
fait d'air épuisé et de petits tourbillons de poussière. Et parce que
cette ville semblait si stérile, j'y rencontrai un général français
dont j'aurais été prêt à aller très loin pour faire la connaissance.
Comme les autres, il avait créé et tempéré une armée pour un
certain travail en un certain lieu, et il avait eu la main lourde sur
le Boche. Nous parlâmes de ce qu'était la femme française, de
ce qu'elle avait fait et faisait, nous vantâmes sa bonté, sa foi et
son splendide courage. Quand nous nous séparâmes, je revins
présenter mes plus plates excuses à Janny, qui avait dû avoir
une mère. La ville pâle et accablée ne ressemblait plus à une
femme évanouie, mais à une femme qui doit subir en public
toutes sortes de maux privés et qui, les mains constamment
au travail, garde son âme et se montre proprement forte pour
elle-même et pour ses hommes.

LES OFFICIERS FRANÇAIS

Les canons se remirent à parler dans les collines où nous plongeâmes ; l'air devenait plus froid à mesure que nous montions ; la forêt et les rochers humides se serraient autour de nous dans la brume, au bruit de l'eau qui ruisselait partout ; cela sentait la fougère mouillée, le pin coupé et le premier souffle de l'automne quand la route pénétra dans un tunnel et dans un monde nouveau : l'Alsace.

Le gouverneur de cette zone déclara, songeur :

– L'essentiel était de faire en sorte que ces cheminées d'usine fument à nouveau (comme elles le faisaient dans les petites villes et villages tout le long du chemin). Vous ne verrez pas de jeunes filles, parce qu'elles travaillent dans les usines textiles. Oui, le pays n'est pas mauvais pour l'hôtellerie estivale, mais je crains qu'il ne soit pas à la hauteur pour les sports d'hiver. Nous n'avons qu'un mètre de neige, qui ne tient pas, sauf dans les montagnes où l'on hisse les canons. Là-haut, bien sûr, la neige dérive et gèle comme à Davos. En contrebas, vous voyez notre nouveau chemin de fer. Dommage qu'il y ait trop de brouillard pour admirer la vue.

À part ses médailles, rien chez le gouverneur ne montrait qu'il n'était pas anglais. Il aurait pu arriver droit d'un poste frontalier indien.

On remarque ces ressemblances de type dans les rangs les plus élevés, et beaucoup de subalternes sont taillés dans la même étoffe que les nôtres. Ils prennent tout le bon temps qu'ils peuvent : leurs exploits sont aussi incroyables et scandaleux que le langage dans lequel ils les décrivent ensuite est téméraire mais convaincant ; j'ai entendu par accident la fin d'un récit conté par un enfant de vingt ans à quelques autres bébés.

Le sens était voilé par l'obscurité de la langue française, et les détails se perdaient dans les hurlements de rire, mais j'imagine que le subalterne manifeste parmi ses pairs tout autant de respect pour ses aînés et ses supérieurs que le font nos propres soldats. L'épilogue, en tout cas, était vieux comme les deux armées :

— Et qu'est ce qu'il a dit, alors ?

— Oh, comme d'habitude. Il a retenu sa respiration si longtemps que j'ai cru qu'il allait éclater. Après ça il m'a pourri d'insultes et j'ai pris bien soin de ne plus le croiser avant le lendemain.

Mais, officiellement et dans la haute société du quartier général, leurs manières et leur douceur sont des plus admirables. Ils y écoutent avec dévotion la sagesse des anciens, qui les traitent apparemment avec une confiance affectueuse.

Le front inventif

Quand les rapports du jour sont remis, tout le long du front, il y a un homme, expert dans le sens des choses, qui les digère pour le froid résumé officiel nous indiquant : « Il y a eu l'habituel combat à la grenade à …. Nous avons accompli une avancée appréciable à …. », etc. Le matériau originel arrive par gerbes entières, où le caractère et le tempérament individuel se donne libre cours. Il est ensuite réduit pour la consommation nationale comme s'il s'agissait d'un courant électrique excessif. Autrement, nous ne pourrions pas le recevoir. Mais, de plus près, on comprend que le Front ne dort jamais, qu'il ne cesse jamais de mettre à l'épreuve des idées et des armées nouvelles qui, dès que le Boche croit les avoir maîtrisées, sont rejetées au profit de moyens plus nouveaux pour l'ennuyer et l'étonner.

– Le Boche est avant tout observateur et imitatif, dit un soldat qui comptait un certain nombre de Boches morts sur le front de son secteur. Quand on lui montre une idée nouvelle, il la rumine pendant un jour ou deux. Puis il présente sa riposte.

– Oui, mon général. C'est exactement ce qu'il m'a fait quand j'ai… fait telle et telle chose. Il est resté silencieux pendant une journée. Puis il m'a volé mon brevet.

– Et vous ?

– Comme je soupçonnais qu'il allait agir ainsi, j'avais modifié le procédé.

Ainsi parlait l'État-major, et il en est ainsi parmi le commandement subalterne, jusqu'aux postes semi-isolés où de jeunes Napoléons vivent seuls d'incroyables aventures. Ce sont de petits démons inventifs, ces vétérans de vingt et un ans, possédés par un idéal unique – tuer – qu'ils poursuivent avec des hommes aussi monomaniaques qu'eux-mêmes. La tactique sur le champ de bataille n'existe pas ; quand une nation entière se terre, il ne peut y avoir aucune des « victoires » du bon vieux temps des manuels de guerre. Mais il y a toujours la tuerie, l'écrasement bien préparé d'une tranchée pleine, dont on chasse les occupants pour les faucher ; le bataillon sans méfiance loin à l'arrière, cantonné après le risque extrême de deux nuits parmi les débris de maçonnerie, et balayé alors qu'il prend son repas ou fait sa toilette ; plus rarement, l'affrontement corps à corps avec des animaux privés de la protection de leurs machines, quand les baïonnettes ont enfin leur chance. Le Boche n'aime pas du tout affronter les hommes dont il a déshonoré ou mutilé les femmes, à moins qu'il ne les ait utilisées comme protection contre les balles. Ce n'est pas que ces hommes soient furieux ou violents. Ils ne gaspillent pas leur temps à cela. Ils le tuent.

Le travail de la guerre

Les Français ont moins de scrupules que nous à évoquer les atrocités commises par le Boche, parce que ces atrocités font partie de leur vie. Ces horreurs ne sont pas enfouies dans les rapports de commission, ou vaguement mentionnées comme « trop affreuses ». Plus tard, peut-être, nous nous montrerons tout aussi libres d'en parler. Mais les Français n'en parlent pas avec une chaleur babillarde ou bêlante, ils ne lancent pas d'amusants petits appels à « l'opinion publique » qui, comme le Boche, est partie sous terre. Je songe que cela doit venir du fait que chaque Français a sa place et sa chance, directe et indirecte, de diminuer le nombre de Boches encore en vie. Qu'il soit étendu dans un sandwich de terre humide, qu'il pousse les gros canons jusqu'aux sommets derrière les arbres, qu'il guide les grosses péniches chargées jusqu'au cœur même de la ville où attendent les wagons d'obus, ou qu'il consacre à la récolte ses dernières années estropiées, il fait son travail dans ce but.

Si c'est un civil, il peut dire – et il dit bel et bien – des choses sur son gouvernement qui, après tout, ressemble beaucoup aux autres gouvernements populaires (une vie passée à regarder sauter le chat ne fait pas de nous des dresseurs de lions). Mais il y a bien peu en France de déchets humains pour empêcher le travail ou contrecarrer les projets. Surtout, il existe une chose qu'on nomme l'Honneur de la Civilisation, à quoi la France est attachée. L'homme le plus humble sent qu'il lui est permis, à sa place, de contribuer à préserver cet Honneur, et se conduit donc, je pense, avec une dignité nouvelle.

Un contraste de types

J'écris ces mots dans un jardin au gazon lisse, sous un hêtre pourpre, près d'un bief miroitant, où les soldats des régiments alpins adressent des lettres à leur famille, tandis que les canons crient de haut en bas des étroites vallées.

Un énorme chien-loup, qui se croit chargé de surveiller la vieille ferme, ne peut comprendre pourquoi son maître, âgé de six ans, est assis sur les genoux du maréchal des logis, l'homme de fer qui conduit la grosse voiture.

— Mais tu es bien Français, petit ? dit le géant, un bras implorant passé autour de l'enfant.

— Oui, répond l'enfant en articulant très lentement les mots français. Je ne… parle pas… français… mais… je suis… Français.

Le petit visage disparaît dans la grande barbe.

Je n'arrive pas à imaginer le maréchal des logis tuant des bébés, même si son officier supérieur, en train de dessiner la scène, le lui ordonnait !

*   *
*

Le majestueux édifice fut probablement un jour un monastère. Le crépuscule estompait ses ailes décharnées, dans l'angle desquelles étaient réunis cinquante prisonniers, cueillis dans les collines, derrière les brumes.

Ils se tenaient en un genre de formation militaire, avant qu'on les emmène. Ils étaient habillés en kaki, la couleur de l'herbe gazée, qui aurait pu appartenir à n'importe quelle armée. Deux d'entre eux portaient des lunettes, et je comptai huit visages asymétriques parmi les cinquante, mal dessinés d'un côté.

– Certains des derniers conscrits nous offrent ce type, dit l'interprète.

L'un d'eux, blessé à la tête, était grossièrement bandé. Les autres semblaient tous en bonne santé. La plupart regardaient dans le vide, mais plusieurs étaient pleins d'une terreur qui empêche de garder les paupières immobiles, et quelques-uns vacillaient à la limite grise de l'effondrement.

Ils étaient de l'espèce qui, sur un ordre, s'en était allée noyer les femmes et les enfants, qui sur un ordre avait violé les femmes dans les rues, et qui, toujours sur un ordre, avait répandu du pétrole ou fait jaillir des flammes, ou déversé ses excréments sur les biens et la personne des captifs. Ils se tenaient à l'écart de toute humanité. Pourtant, ils étaient façonnés à l'image de l'humanité. On le comprit avec un choc lorsque la créature bandée se mit à frissonner, et ils se remuèrent en réponse aux ordres des hommes civilisés.

5

Des tranchées à flanc de montagne

De très bonne heure je rencontrai Alan Breck, qui avait sur l'arête du nez une éraflure de balle à moitié guérie, et un béret alpin sur une oreille. Ses ancêtres avaient été écossais, il y a quelques siècles. Il portait un nom écossais, et reconnaissait encore le chef de son clan, mais son français se mêlait parfois de mots allemands, car il était à moitié alsacien.

– C'est ici le meilleur pays du monde pour se battre, expliquait-il. C'est une région pittoresque où l'on peut partout se mettre à couvert. Je suis bombardier. Je suis ici depuis des mois. C'est ravissant.

Nous aurions pu être dans les collines de Mussoorie[1], et je ne comprenais pas ce que nos voitures espéraient y faire. Mais le chauffeur-démon qui avait été coureur automobile prit le volant de la Mercedes 70 hp et se faufila dans les vallées étroites, ainsi qu'à travers quelques villages à moitié suisses remplis de troupes alpines, à la vitesse très retenue de cinquante km/heure. Il fonça sur une route neuve, plus semblable à Mussoorie que

---

1. Ville située dans les contreforts de l'Himalaya, en Inde, à 2 000 mètres d'altitude. Jutogh, dont il est question un peu plus loin, se situe dans un État voisin.

jamais, et ne bascula pas même une seule fois dans le vide.
Dans un virage serré, il croisa une mule porteuse de munitions
d'une batterie de montagne, qui se mit à grimper à un arbre.

– Vous voyez ! Il n'y a pas un seul autre endroit en France
où cela pourrait arriver, dit Alan. Je vous le dis, c'est une région
magnifique.

Il fallut tirer la mule par la queue pour la faire redescendre
avant qu'elle ait atteint les branches les plus basses, puis elle
reprit son chemin dans les bois, les caisses de munitions tintant
sur son dos, exactement comme si elle rejoignait sa batterie à
Jutogh. Dans les ténèbres de la forêt, on s'attendait à croiser
les petits habitants de la montagne pliés sous leurs fardeaux. La
lumière, la couleur, l'odeur de feu de bois, d'aiguilles de pin,
de terre mouillée et de mule chaude, tout cela était himalayen.
Seule la Mercedes était violemment et bruyamment étrangère.

– Halte ! dit enfin Alan, lorsque la voiture eut tout fait sauf
imiter la mule.

– La route continue, dit le chauffeur-démon d'un air tentateur.

– Oui, mais ils vous entendront si vous roulez encore.
Arrêtez-vous et attendez. Nous avons une batterie de montagne
à observer.

Ils ne travaillaient pas pour le moment, et le commandant,
homme sombre et énergique, me montra certains détails de leur
construction. Quand nous les laissâmes dans leur berceau – on
aurait cru la chapelle bâtie au bord d'une route par un prêtre
himalayen –, nous les entendîmes chanter à travers les pins
descendant en pente abrupte. Eux non plus, comme le canon
de 75, semblent ne pas avoir de surnom dans le service.

C'était une région dangereusement aveugle. Les bois
bloquaient toute possibilité d'orientation autour et au-dessus
de soi. Le sol s'inclinait selon tous les angles possibles, et
tous les sons étaient hachés et brouillés par les troncs d'arbre,

agissant comme des silencieux. Très haut au-dessus des têtes, la forêt respectable et dissimulant tout s'était transformée en bâtons bleus maigres et fantomatiques, assemblée d'arbres lépreux autour du sommet d'un mont chauve.

– C'est là que nous allons, dit Alan. N'est-ce pas que c'est une région adorable ?

LES TRANCHÉES

Une mitrailleuse lâcha quelques tirs avec les tâtonnements propres à son espèce lorsqu'elle cherche une ouverture. Quelques coups de fusil répondirent. Ils auraient pu venir d'un kilomètre ou de cent mètres. Région adorable ! Nous montâmes jusqu'à retrouver une fois encore un *tea-garden* complet de petites maisons enfoncées, presque invisible dans les replis brun-rose de la forêt épaisse. Ici commençaient les tranchées, et avec elles, pendant quelques heures, la vie en deux dimensions – longueur et largeur. Vous auriez pu manger votre dîner presque n'importe où sur le sol sec et balayé, car les pentes abruptes favorisaient l'écoulement des eaux, il ne manquait pas de bois, et la main-d'œuvre était illimitée. Elle avait creusé de beaux abris de double longueur, où l'on pouvait coucher les blessés lorsqu'ils traversaient le flanc de la montagne ; des latrines bien entretenues, blanchies à la chaux comme il convient ; des abris pour dormir et manger ; des protections au-dessus des têtes et des cabanes à outils là où c'était nécessaire et, lorsqu'on se rapprochait du front, des caves très ingénieuses contre les balayeurs de tranchées. Les soldats vaquaient à leurs occupations ; une escouade avec une mitrailleuse capturée qu'ils testaient dans un creux abrité ; des armuriers à leur établi soignant des fusils malades ; des groupes envoyés chercher de la paille, des rations et des munitions ; de longues processions de silhouettes bleues marchant de biais entre les murs bruns et sans soleil. On comprenait au bout d'un moment le cauchemar qui s'empare des soldats bloqués dans les tranchées, quand le rêveur vagabonde à jamais dans ces labyrinthes aveugles, jusqu'au moment où, après des siècles d'envol torturant, il se retrouve à trébucher dans l'éclat aveuglant et l'horreur du front miné, lui qui croyait être presque rentré chez lui !

Sur la ligne de front

Il n'y avait maintenant plus un seul arbre au-dessus de nous. Leurs troncs étaient couchés au bord de la tranchée, consolidés par des pierres quand nécessaire, ou parfois la surplombant en cimes empanachées ou en pointes hérissées. Des bouts de tissu, pas français, apparaissaient aussi dans les lignes irrégulières de débris à la lèvre de la tranchée, et une âme attentionnée avait inscrit « Ne pas toucher » sur un balayeur de tranchée boche non explosé. C'est un jeune avocat de Paris qui me signala la chose.

Nous rencontrâmes le colonel à la tête d'un indescriptible fossé de ruines, baigné de soleil, dont les marches descendaient une pente très abrupte sous le rebord d'un parapet presque vertical. À gauche, tout le flanc de la colline n'était qu'une bouillie d'arbres écrabouillés, de rochers fendus et de sol réduit en poudre. Ça aurait pu être le dépotoir d'un chiffonnier, dans des proportions colossales.

Alan y jeta un regard critique. Je pense qu'il avait aidé à le creuser peu auparavant.

– Nous sommes maintenant au sommet de la colline, et les Boches sont en dessous de nous, dit-il. Nous leur avons envoyé récemment de quoi les rendre fameusement malades.

– Voici la ligne de front, dit le colonel.

Il y avait au-dessus de nous des protections contre les grenades à mains qui m'incitaient à le croire, mais ce qui me convainquit surtout, ce fut un caporal nous enjoignant tout bas de ne pas parler aussi fort. Les hommes prenaient leur repas, et une bonne odeur de nourriture remplissait la tranchée. C'était la première odeur que j'aie humée durant mon long périple dans la montagne, un parfum tout à fait sain mélangeant le ragoût, le cuir, la terre et la graisse de fusil.

LES PROFESSIONNELS DE LA LIGNE DE FRONT

Une partie des hommes montaient la garde pendant que les autres mangeaient, mais le dîner est un moment de détente, même parmi les animaux, et il était près de midi.

– Leur soupe, les Boches l'ont eue il y a quelques jours, murmura quelqu'un.

Je songeai à la colline pulvérisée, et j'espérai que la soupe avait été assez chaude.

Nous longeâmes la tranchée silencieuse, où les soldats dévisageaient, avec un mépris justifié, je pense, les civils qui s'immisçaient dans leur vie pour quelques minutes d'émotion afin de tirer des mots de leur sang à eux. Cela me rappela ce qu'on ressent quand on arrive en retard au théâtre et qu'on dérange une longue rangée de spectateurs dans une salle bondée. Le dialogue chuchoté était presque le même : « Pardon ! », « Je vous demande pardon, monsieur », « À droite, monsieur », « Si monsieur veut bien baisser la tête », « On voit mieux d'ici, monsieur », et ainsi de suite. C'était leur travail de tout le jour et de toute la nuit, accompli sans affectation ni ardeur, ni indécision sans doute. Ceux qui travaillaient travaillaient ; ceux qui étaient au repos, à un peu plus d'un mètre derrière eux dans les abris, étaient immergés dans leurs papiers, dans leur repas ou dans leur lettre ; tandis que la mort était prête à tout instant à s'abattre dans leur étroite fente de terre par l'étroite bande de ciel indifférent. Et pendant la majeure partie de la semaine, j'avais suivi une frise de ce genre sur plusieurs centaines de kilomètres !

Les meurtrières inutilisées étaient bouchées un peu comme des ruches anciennes. Le colonel ôta un bouchon en disant : « Les Boches sont là. Regardez, et vous verrez leurs sacs de sable. » À travers le dédale de pierres et d'arbres fendus en deux, on voyait ce qui aurait pu être un morceau de toile à sac verte. « Ici, ils sont à environ sept mètres », poursuivit le colonel. Et c'était vrai. Nous entrâmes dans un petit fortin équipé d'un canon, dans une embrasure qui me parut d'abord inutilement vaste, même si elle était en partie fermée par un fragile couvercle de caisse. Le colonel s'assit devant, et expliqua la théorie de ce genre de redoute.

– À propos, dit-il finalement au canonnier, ne pourriez-vous rien trouver de mieux que *ça* ? (Il arracha le couvercle). Ça me paraît trop léger. Il faudrait une bûche ou quelque chose de ce genre.

LES BALAYEURS DE TRANCHÉE

J'adorais ce colonel ! Il connaissait ses hommes et il connaissait les Boches, il les avait repérés comme des oiseaux. Quand il disait qu'ils étaient à côté des arbres morts ou derrière des rochers, ils y étaient assurément ! Mais je le répète, l'heure du repas est toujours un moment de détente, et même quand nous arrivâmes à un endroit où une partie de la tranchée avait été éventrée par les bombes, où il était recommandé de se baisser et de marcher vite, il ne se passa pas grand-chose. Le plus étrange était l'absence de mouvement dans les tranchées boches. Parfois on croyait sentir l'odeur d'un tabac inconnu, ou entendre le chien d'un fusil retomber après un coup de feu. À part ça, ils étaient aussi discrets qu'un cochon à midi.

Nous continuâmes dans le labyrinthe, rencontrant des torpilleurs de modèle léger et commode, avec leur charge toute prête, une ou deux tombes, et quand je croisai des soldats qui se tenaient simplement avec leurs fusils à portée de main, je sus que j'étais dans la deuxième ligne. Quand ils étaient allongés bien à leur aise dans leurs abris, je sus que j'étais dans la troisième. Une salve aurait saupoudré les trois lignes.

– Pas de terrains plats, dit Alan. Pas la peine de chercher les positions d'artillerie, les collines en sont pleines, les tranchées sont proches les unes des autres et communiquent les unes avec les autres. Vous voyez quelle belle région c'est.

Le colonel confirma, mais d'un autre point de vue. La guerre était son travail, comme les bois silencieux pouvaient en témoigner, mais son passe-temps était les tranchées. Il avait canalisé les ruisseaux de montagne et fait creuser une buanderie où un soldat pouvait laver sa chemise puis aller se faire tuer vêtu de linge propre, le tout en une matinée ; il avait fait assainir les tranchées au point que toute zone boueuse y était un crime ; et en bas de la colline (on aurait cru un établissement thermal sur une scène de théâtre), il avait créé des bains où un demi-bataillon à la fois pouvait se laver. Il ne me raconta jamais comment on s'était battu pour cette région aussi âprement que pour Ypres, à l'ouest, ni combien de sang avait coulé dans les vallées avant que ses tranchées ne gagnent le sommet de la montagne scalpée. Non. Il esquissa de nouveaux arrangements de terre, de pierre et d'arbres pour le confort de ses hommes sur cette montagne peuplée.

Puis un prêtre, qui était sous-lieutenant, surgit d'une forêt d'ombres brun-tabac et de troncs à demi voilés. Me serait-il agréable de jeter un coup d'œil à la chapelle ? Elle était entièrement ouverte sur le flanc de la colline, très tendrement et dévotement construite à la manière rustique, avec colombages de branches écorcées et panneaux de mousse et de chaume, un véritable temple à saint Hubert. Je vis les chasseurs qui passaient devant, partant vers l'autre bout de la montagne, où se trouvait leur gibier.

UNE VILLE BOMBARDÉE

Le même jour, Alan m'emmena prendre le thé dans une ville où il semblait connaître tout le monde. Il avait passé l'après-midi sur le sommet d'une autre montagne, à inspecter des positions d'artillerie, ce qui lui avait valu d'être un peu bombardé, « marmité », dans le jargon. Il n'y avait pas eu de « marmitage » sérieux, et il avait repéré une position boche qui était « marmitable ».

– Et nous risquons d'être bombardés maintenant, ajouta-t-il, plein d'espoir. Ils bombardent cette ville chaque fois qu'ils y pensent. Ils nous bombarderont peut-être pendant notre thé.

C'était une petite place à la beauté pittoresque, avec son mélange d'idées françaises et allemandes ; son vieux pont et sa rivière aimable, entre les collines cultivées. Les portes de caves bloquées par des sacs de sable, les maisons en ruines, et les trous dans la chaussée semblaient aussi irréels que la violence du cinéma dans ce décor doux et simple. Les habitants s'égaillaient dans les rues, et les petits enfants jouaient. Un gros obus qui arrive signale suffisamment qu'il faut se mettre à l'abri, si l'abri est assez proche. Personne ne semble en demander davantage dans un monde où l'on est bombardé, et ce monde s'y est habitué. Les gens ont les lèvres un peu plus fermes, le modelé de leur front est un peu plus prononcé et, peut-être, l'expression de leurs yeux a changé, mais rien qu'un visiteur occasionnel, de passage un après-midi, doive particulièrement remarquer.

DES CAS POUR L'HÔPITAL

La maison où nous prîmes le thé était la « grande maison » de la place, vieille et massive, un trésor de mobilier ancien. Elle avait tout ce que peut désirer le cœur d'un homme modéré : un jardin, un garage, des dépendances, et cet air de paix qui accompagne la beauté avec l'âge. Elle se dressait au-dessus d'une haute cave, et face à la porte de cette cave se trouvait un blindage tout neuf, de terre tassée entre des poutres. La cave était un hôpital, avec ses lits et ses appareils, et sous la lumière électrique, l'ordonnance attendait, prête à accueillir les cas qu'on lui descendait depuis la rue.

– Oui, ce sont tous des civils, dit l'homme.

Ils viennent tous sans prévenir : une femme écrasée par un arbre abattu, un enfant à la tempe broyée par une pierre volante, un cas d'amputation urgente, et ainsi de suite. On ne sait jamais. Selon les manuels boches, le bombardement « est conçu pour terroriser la population civile afin qu'elle puisse faire pression sur les hommes politiques pour conclure la paix ». Dans la vraie vie, les hommes sont très rarement apaisés par le spectacle de leurs femmes qu'on torture.

Nous prîmes le thé dans la grande salle, à l'étage, avec un respect des convenances et un échange de compliments tout à fait adéquat pour cette petite occasion. Personne ne chercha à dissimuler l'existence d'un bombardement, mais sans laisser cette circonstance l'emporter sur des sujets de conversation plus légers. Je connais un convive qui était quasiment muet d'émerveillement. Mais il était anglais, et quand Alan lui demanda s'il avait passé un bon moment, il répondit :

– Oh oui. Merci beaucoup.

– Charmantes gens, n'est-ce pas ? poursuivit Alan.

– Oh, tout à fait. Et... et le thé était excellent.

Après le dîner, il réussit à exprimer à Alan quelques-uns de ses sentiments mûris.

– Mais qu'est-ce que ces gens auraient bien pu faire d'autre ? dit-il. Ils sont Français.

6

La tâche commune

– Voici la fin de la ligne, dit l'officier d'État-major, le plus
aimable et le plus patient des chaperons.

La ligne s'adossait à une forteresse parmi les collines. Au-delà,
le silence était plus terrible que les bruits mêlés d'activité à
l'ouest. Mesurée sur la carte, la ligne doit couvrir entre six
cents et huit cents kilomètres ; en tranchées véritables, elle
représente plusieurs fois cette distance. C'est trop pour que l'œil
l'embrasse ; l'esprit a du mal à se détacher de l'obsession de son
entièreté ou de l'intérêt de ses détails. On visualise la chose après
coup, comme une faille à la blancheur aveuglante, s'insinuant
à travers la France entre des sons et des lumières intolérables,
sous les explosions incessantes de terre tourbillonnante. Et ce
n'est en rien un soulagement que de se perdre parmi le désert
de débris, de cailloux, de bois, de ciment et de fil de fer, parmi
les quantités incalculables de sol projeté au grand jour et revêtu
par les saisons changeantes, comme sont vêtus les morts qu'on
exhume.

Il n'existe pourtant pas de mots pour traduire la simplicité
essentielle de tout cela. C'est le rempart dressé par l'Homme
contre la Bête, précisément comme à l'Âge de pierre. S'il
disparaît, tout ce qui nous protège de la Bête disparaîtra en

même temps. On le voit sur le front aussi clairement qu'on voit les villages derrière les lignes allemandes. Parfois, les gens s'en échappent et racontent ce qu'ils endurent.

Là où le fusil et la baïonnette sont efficaces, les hommes emploient ces outils tout le long du front. Là où le couteau offre de meilleurs résultats, les hommes s'avancent derrière les grenades à mains avec leur couteau de trente centimètres dénudé. Chaque race est censée se battre à sa manière, mais cette guerre va au-delà de toutes les manières connues. On dit que les Belges, au nord, règlent les comptes avec une passion sèche qui varie fort peu depuis que leur martyre a commencé. Certaines sections de la ligne anglaise ont produit un type de soldat à la voix douce et plutôt réservé, qui accomplit son œuvre bouche fermée. Les Français apportent à leur combat une précision, une acuité et un savoir-faire redoutable, couplés à une insensibilité au choc, contraire à tout ce qu'on imaginait de l'humanité. À coup sûr, il n'y a jamais eu provocation semblable, car depuis que les Ases ont entrepris d'enchaîner le loup Fenrir[1], jamais le monde ne s'était uni pour enchaîner la Bête.

La dernière image que j'ai emportée du front fut d'Alan Breck repartant en courant vers ses positions d'artillerie dans les montagnes, et je me demandai de quel foyer ce garçon avait jadis fait le bonheur.

AIDES ET RÉSERVES

Nous dûmes ensuite nous frayer un chemin, service après service, contre les marées d'hommes derrière la ligne, les aides

---

1. Dans la mythologie scandinave, les dieux Ases élèvent un loup gigantesque, qu'ils enchaînent lorsqu'il devient trop puissant.

et leurs aides, les réserves et les réserves de réserves, ainsi que les masses en cours d'entraînement. Ils inondaient les villes et les villages, et quand nous tentions de prendre des raccourcis, nous les trouvions dans tous les chemins. Avez-vous vu des cavaliers lisant leur courrier, la bride relâchée sur le cou de leur monture, s'avançant dans un silence absorbé à travers une rue qui disait presque « Chut ! » à ses chiens, ou rencontré, dans une forêt, une procession de gros canons flambant neufs, qui semblaient aller d'eux-mêmes de la fonderie jusqu'au front ?

Malgré son goût du théâtre, il n'y a pas grand-chose de décoratif dans le tempérament français. Le Boche, qui est le prêtre de la Grande Contre-Acrobatie, aurait fait venir la moitié de la presse neutre dans nos voitures pour attirer l'attention sur ce vaste spectacle des hommes et du matériel. Mais le même instinct qui pousse les riches fermiers à rester en blouse pousse les Français à se tenir tranquilles.

– C'est notre affaire, affirment-ils. Tous les intéressés participent. Comme pour la revue que vous avez vue l'autre jour, il n'y a pas de spectateurs.

– Mais il pourrait être bon que le monde soit au courant.

J'avais formulé une remarque stupide. Il n'y a plus aujourd'hui qu'un monde, le monde des Alliés. Chacun d'eux sait ce que font les autres, et le reste ne compte pas. C'est un fait curieux, mais délicieux à comprendre par soi-même. Et songez à l'avenir, quand nous circulerons tous librement, quand nous ouvrirons notre cœur et formerons une fraternité plus intime que les liens du sang !

Je passai cette nuit-là dans une petite ville française, où je fus tenu éveillé par un homme qui, quelque part dans l'obscurité chaude et tranquille, hurlait de douleur à cause de ses blessures. J'étais content qu'il soit seul, car lorsqu'un homme capitule, les autres suivent parfois. Pourtant, cette unique note de misère

humaine était pire que les glapissements de toute une ambulance.
J'aurais aimé qu'une délégation de grévistes l'entende.

*   *
*

Qu'un civil se trouve en zone de guerre est en soi une
garantie de sa bonne foi. C'est quand il est hors de la zone et
sans chaperon que les questions commencent, qu'on examine
les laissez-passer. S'ils ne sont pas en règle… mais peu importe.
S'ils sont en règle, il y a encore quelques contre-vérifications.
Comme dit le sergent à la gare lorsqu'il nous tira d'une impasse :

– Vous comprendrez que ce sont les personnes les plus
indésirables qui ont les papiers les plus en règle. C'est leur
métier, voyez-vous. Le commissaire de police est à l'Hôtel de
ville, si vous voulez venir pour la petite formalité. Moi-même,
je tenais un magasin à Paris. Mon Dieu, ces villes de province
sont désolantes !

Paris – et aucun étranger

Il aurait aimé son Paris tel que nous le trouvâmes. La vie
se renouvelait dans les rues, dont le dessin et les proportions
passaient jusque-là inaperçus. Les yeux des gens, et surtout ceux
des femmes, semblaient voir plus loin, plus large. On aurait
dit qu'ils venaient de la mer ou des montagnes, où les choses
sont rares et simples, et non qu'ils sortaient des immeubles.
Par-dessus tout, il n'y avait pas d'étrangers ; pour la première
fois, la ville bien-aimée était entièrement française de bout
en bout. J'avais le sentiment de revenir chez un vieil ami
pour une conversation paisible après qu'il s'était débarrassé

d'une maisonnée pleine de visiteurs. Les fonctionnaires et les policiers avaient jeté le masque de la politesse officielle, et se montraient simplement cordiaux. Dans les hôtels, comme dans les écoles deux jours avant la rentrée, le valet de chambre impersonnel, la bonne à l'immuable sourire à deux francs, et le maître d'hôtel inflexible avaient cédé la place à vos propres frères et sœurs, partageant vos propres soucis. « Mon fils est aviateur, monsieur. J'aurais pu demander pour lui la nationalité italienne au début, mais il n'a pas voulu »... « Mes deux frères sont à la guerre, monsieur. L'un est déjà mort. Et mon fiancé, je n'en ai plus de nouvelles depuis mars. Il est cuisinier dans un bataillon »... « Voici la carte des vins, monsieur. Oui, mes deux fils et un neveu, et... je suis sans nouvelles d'eux, pas un mot. Mon Dieu, nous souffrons tous, ces temps-ci ». Même chose dans les magasins, on y exprime simplement une perte ou une affliction, mais jamais un mot de doute, jamais un murmure de désespoir.

– Mais pourquoi notre gouvernement, ou le vôtre, ou les deux, demandait un boutiquier, n'envoient-ils pas l'armée anglaise à Paris ? Je vous assure que nous saurions l'accueillir.

– Peut-être l'accueilleriez-vous trop bien.

Il rit.

– Nous l'accueillerions aussi bien que notre propre armée. Vos soldats prendraient du bon temps.

J'eus une vision d'officiers britanniques, chacun ayant touché sa solde pour quatre-vingt-dix jours, avec chez lui une ou deux donzelles pratiquant à merveille l'art des emplettes.

– Et aussi, dit le boutiquier, voir davantage de vos soldats aurait un effet excellent sur le moral des Parisiens.

Mais j'imaginais un Prévôt des forces anglaises se perdre à la chasse aux déserteurs de la Nouvelle Armée, qui connaissaient leur Paris ! Malgré tout, il y a des arguments en faveur de cette idée, si on se limitait à une ou deux brigades vertueuses. Pour le moment, l'officier anglais à Paris est un oiseau rare, il vous explique aussitôt pourquoi il est là et ce qu'il y fait. Il doit avoir de bonnes raisons. À une de mes connaissances, j'avais suggéré d'utiliser ses dents comme prétexte. « Ça ne marchera pas, grommela-t-il. Ils y ont pensé aussi. Derrière nos lignes, ça grouille de dentistes, à présent ! »

Un peuple transfiguré

L'an dernier, quand tout le monde parlait si brillamment de choses si essentielles, quand vous demandiez ce qu'étaient devenus les gens qui donnaient des dîners et des bals, on vous répondait par des adresses d'hôpitaux. Ces charmantes hôtesses et demoiselles semblaient en charge de services ou en poste comme infirmières, cuisinières ou filles de charge. Certains des hôpitaux se trouvaient à Paris (leur personnel avaient parfois une heure par jour pour recevoir les visiteurs). D'autres se trouvaient sur la ligne, exposés aux obus et aux bombardements.

Je me rappelais une Française en particulier, parce qu'elle m'avait un jour expliqué les nécessités de la vie civilisée. Elles incluaient une masseuse, une manucure et une bonne pour s'occuper des bichons. Elle travaille désormais, depuis des mois, à désinfecter et à raccommoder les vêtements des soldats. Inutile de demander ce qu'étaient devenus les hommes que l'on avait connus autrefois. Il n'y avait pourtant nul sentiment de désolation. Ils étaient partis ; les autres se préparaient.

Toute la France travaille pour le Front, exactement comme une chaîne infinie de seaux d'eau travaille à éteindre l'incendie. Laissez le feu derrière vous et remontez jusqu'à la source d'approvisionnement. Vous ne trouverez aucune interruption, aucune pause, aucune hâte apparente, mais jamais aucun ralentissement. Chacun a son seau, petit ou grand, et personne ne conteste la façon de l'utiliser. C'est un peuple doté du précédent et de la tradition de la guerre pour sa survie, habitué a une dure vie et à un dur labeur, raisonnablement économe par tempérament, logique par formation, éclairé et transfiguré par sa résolution et son endurance.

Vous savez comment, lorsqu'une épreuve suprême s'abat sur quelqu'un que vous pensiez connaître, la nature humaine change parfois au-delà de ce qu'on aurait pu croire. Celui qui nous ressemblait en tous points atteint simplement, voire légèrement, des hauteurs que nous pensions inatteignables. Bien qu'il soit ce même camarade qui vivait notre petite vie avec nous, en toutes choses il est devenu grand. Il en va de même de la France aujourd'hui. Elle a découvert la mesure de son âme.

La guerre nouvelle

On voit cela non seulement dans l'attitude – c'est plus qu'un simple mépris pour la mort –, dans la préoccupation divine de ce peuple en armes, grâce à laquelle il ne tient plus compte de la mort, mais aussi dans la passion et la ferveur avec laquelle tout son peuple se donne aux tâches les plus petites comme les plus grandes qui peuvent d'une façon ou d'une autre servir le glaive. Je pourrais vous raconter ce que j'ai vu du lavage de certaines latrines, de l'éducation et des antécédents des laveurs, de ce qu'ils disaient en l'occasion et de la perfection avec laquelle leur travail était accompli. Il y a un peu de Rabelais là-dedans, naturellement, mais le reste était pur dévouement, joie de se rendre utile.

Même chose pour le travail dans les écuries, sur les barricades et avec le fil barbelé, le déblaiement et l'entassement des débris de maisons en ruines, la distribution de repas jusqu'au moment où le service titube sur ses pauvres pieds fatigués, mais reste d'humeur égale ; et tous ces détails peu agréables et monotones qui accompagnent la guerre.

Les femmes, comme j'ai essayé de le montrer, travaillent sur un pied d'égalité avec les hommes, d'un cœur aussi résolu, avec une énergie sans pitié pour les défaillances. Une femme prend sa place partout où elle peut soulager un homme – au magasin, à la poste, dans les tramways, les hôtels, et dans mille autres emplois. Elle est endurcie aux travaux des champs, et la moitié de la récolte de la France cette année se trouve dans son giron. On sent à chaque occasion combien les hommes lui font confiance. Elle sait, car elle partage tout avec son univers, ce qui est arrivé à ses sœurs désormais aux mains des Allemands, et son âme est la flamme éternelle derrière l'acier des hommes. Ni les hommes ni les femmes ne se font d'illusion quant aux miracles à accomplir pour « repousser » ou « balayer » le Boche. Puisque l'Armée est la Nation, ils en savent beaucoup, même si on leur en dit peu officiellement. Ils reconnaissent tous que la « victoire » à l'ancienne est presque aussi désuète qu'un fusil dans une tranchée de la ligne de front. Ils acceptent tous la guerre nouvelle, qui consiste à user et épuiser l'ennemi par tous les moyens, par tous les procédés et plans imaginables. Elle est lente et coûteuse, mais aussi mortellement sûre que la logique qui les pousse à en faire leur unique travail, leur seule pensée, leur seule préoccupation.

LA CONFIANCE DE LA NATION

La même logique leur épargne beaucoup d'énergie. Ils ont connu l'Allemagne en 70, quand le monde refusait de croire en leur savoir ; ils connaissaient son esprit avant la guerre ; ils savent ce qu'elle a fait (ils ont des photographies) pendant cette guerre-ci. Comme je l'ai dit, ils ne donnent pas dans les spasmes d'horreur et d'indignation au sujet des atrocités « qu'on ne saurait mentionner », comme disent les journaux anglais. Ils les mentionnent sans détours et les inscrivent dans le registre. Ils ne discutent pas, n'examinent pas, ni ne gaspillent aucune émotion sur ce que l'Allemagne dit, prétend, affirme, sous-entend ou brigue. Ils ont cette aisance du cœur qui vient de ce qu'ils travaillent tous pour leur pays, la conscience que le fardeau du travail est équitablement réparti entre eux tous, la certitude que les femmes travaillent côte à côte avec les hommes, l'assurance que lorsque la tâche d'un homme est momentanément terminée, un autre prend sa place.

De tout cela naît leur faculté de récupération dans le loisir, leur calme raisonné quand ils sont au travail, et leur superbe confiance en leurs armes. Même si la France d'aujourd'hui se dressait seule contre l'ennemi du monde, il serait presque inconcevable d'imaginer sa défaite, et entièrement impossible d'imaginer sa capitulation. La guerre continuera jusqu'à ce que l'ennemi soit achevé. Les Français ne savent pas quand cette heure viendra ; ils en parlent rarement ; ils ne s'amusent pas à des rêves de triomphes ou de conditions.

Leur travail est la guerre, et ils font leur travail.

Table des matières

Ce volume,
le septième
de la collection « Mémoires de guerre »,
publié aux Éditions Les Belles Lettres,
a été achevé d'imprimer
en décembre 2013
sur les presses
de la Nouvelle Imprimerie Laballery
58500 Clamecy

Dépôt légal : janvier 2014
N° d'édition : 7764 - N° d'impression : 312170
Imprimé en France